T0129619

essentials

essentials liefern aktuelles Wissen in konzentrierter Form. Die Essenz dessen, worauf es als „State-of-the-Art" in der gegenwärtigen Fachdiskussion oder in der Praxis ankommt. *essentials* informieren schnell, unkompliziert und verständlich

- als Einführung in ein aktuelles Thema aus Ihrem Fachgebiet
- als Einstieg in ein für Sie noch unbekanntes Themenfeld
- als Einblick, um zum Thema mitreden zu können

Die Bücher in elektronischer und gedruckter Form bringen das Fachwissen von Springerautor*innen kompakt zur Darstellung. Sie sind besonders für die Nutzung als eBook auf Tablet-PCs, eBook-Readern und Smartphones geeignet. *essentials* sind Wissensbausteine aus den Wirtschafts-, Sozial- und Geisteswissenschaften, aus Technik und Naturwissenschaften sowie aus Medizin, Psychologie und Gesundheitsberufen. Von renommierten Autor*innen aller Springer-Verlagsmarken.

Werner Gleißner · Arnold Weissman

Das zukunftsfähige Familienunternehmen

Mit dem QScore zu Unabhängigkeit,
Resilienz und Robustheit

Werner Gleißner
FutureValue Group AG
Leinfelden-Echterdingen, Deutschland

Arnold Weissman
Weissman & Cie. GmbH & Co. KG
Nürnberg, Deutschland

ISSN 2197-6708   ISSN 2197-6716   (electronic)
essentials
ISBN 978-3-658-42786-3   ISBN 978-3-658-42787-0   (eBook)
https://doi.org/10.1007/978-3-658-42787-0

Die Deutsche Nationalbibliothek verzeichnet diese Publikation in der Deutschen Nationalbibliografie; detaillierte bibliografische Daten sind im Internet über http://dnb.d-nb.de abrufbar.

Planung/Lektorat: Guido Notthoff
Springer Gabler ist ein Imprint der eingetragenen Gesellschaft Springer Fachmedien Wiesbaden GmbH und ist ein Teil von Springer Nature.
Die Anschrift der Gesellschaft ist: Abraham-Lincoln-Str. 46, 65189 Wiesbaden, Germany

Das Papier dieses Produkts ist recyclebar.

Was Sie in diesem *essential* finden können

- Die Zukunftsfähigkeit eines Unternehmens, also das langfristige Überleben bei adäquatem Erfolg, erfordert finanzielle Nachhaltigkeit (finanzielle Stärke), eine robuste Strategie und resiliente Leistungserstellung sowie Fähigkeiten im Umgang mit Chancen und Gefahren (Unsicherheit).
- Das im Buch erläuterte QScore-Konzept zeigt, ausgehend von einer Vielzahl wissenschaftlicher Studien, wie man die Zukunftsfähigkeit eines Unternehmens konkret beurteilen und Verbesserungspotenziale ableiten kann.
- Das *essential* erläutert, wie Sie in einem einfachen „Schnelltest" ausgehend von 20 Fragen die Zukunftsfähigkeit eines Unternehmens abschätzen können.

Vorwort

Dieses kleine Buch erläutert das Konzept eines zukunftsfähigen Familienunternehmens, das aufgrund seiner Eigenschaften mit hoher Wahrscheinlichkeit nachhaltig ist, also erfolgreich überleben wird.

Als ein zentrales Ziel gerade von Familienunternehmen kann man Unabhängigkeit und damit die „strategische Souveränität" ansehen. Held und Müller-Seitz (2022, S. 6) definieren diese wie folgt:

„Strategisch souverän ist jenes Unternehmen, das zur Realisierung des eigenen Wertversprechens in materieller oder immaterieller Form über die Entscheidungshoheit und die Ressourcen verfügt, aus einem Portfolio von effizienten Lösungen schöpfen zu können, wobei jenes Portfolio eine angemessene Freiheitsgrade eröffnende Variantenvielfalt aufweisen muss."

Als zentralen Aspekt der strategischen Souveränität sehen sie dabei die Resilienz, die in ihrem Beitrag im weiteren Sinn der „Robustheit" verstanden wird.

Wir wissen also, was das Ziel eines Familienunternehmens ist: die Erhaltung des Unternehmens für die nächste Generation („Enkelsicherheit"). Deshalb ist diesen Unternehmen i. d. R. Überleben und Stabilität wichtiger als Rendite und diese wichtiger als Wachstum!

Ein Unternehmen braucht eine Mission, einen „Lebensauftrag". Das Wort „mittere" bedeutet im Lateinischen „entsenden". Man wird entsandt mit einem Auftrag. Was ist der zentrale Auftrag ihres Unternehmens? Auf welche Frage will ihr Unternehmen die Antwort geben? Welchen Beitrag leisten sie für eine Welt, in der sie selbst gerne leben möchten? Aber auch: was würde der Welt fehlen, wenn es ihr Unternehmen nicht gäbe? Welche wichtigen, brennenden Kundenprobleme blieben dann ungelöst?

Was aber ist dann der Zweck eines Familienunternehmens? Es ist schlicht die Schaffung zufriedener Kunden. Nein, nicht etwa begeisterte Kunden, denn Kunden sind begeistert, wenn sie die beste Leistung zum niedrigsten Preis bekommen. Dies mag gut für ihre Kunden sein, aber es ist nicht gut für das Familienunternehmen. Unser Motto heißt also nicht „Alles für den Kunden", sondern „Alles für den richtigen Kunden".

Ziele und Strategie können, ja müssen sich ändern, das Leitbild bleibt. Strategien, Ziele, Business Pläne werden mit Bleistift geschrieben. Wenn sich die Rahmenbedingungen ändern, dann müssen auch wir uns verändern. Der „Overarching Purpose" aber bleibt gleich. Er hat keinen Zeit-/Raumbezug wie Ziele, die immer nach Inhalt, Ausmaß und zeitlichem Bezug operationalisiert werden müssen. Er gibt dem Unternehmen und den Menschen, die mit diesem Unternehmen arbeiten, einen tieferen Sinn. Wenn die Marke Uvex für „protecting people" steht, wenn Fressnapf „happier pets, happier people" lebt: dann sind dies keine Ziele, die sich je nach Lage verändern. Sie sind der Grund, warum dieses Unternehmen eine Existenzberechtigung hat. Die Mission ist der sinnstiftende Auftrag, sie ist der Titel des Buches.

Je größer die Mission, je bedeutender der Beitrag, umso größer kann die Vision sein, die wir träumen können. Eine Vision (vom Lateinischen videre = sehen) ist ein „attraktives Bild einer möglichen Zukunft". Was der Mensch sich vorstellen kann, kann der Mensch auch erreichen! Walt Disney hat dies auf den Punkt gebracht: if you can dream it, you can do it!

Wenn die Mission, der „Lebensauftrag", den Sinn eines Unternehmens definiert und die Vision das gemeinsame Zielbild, wozu braucht es dann Werte? Auch dieses wichtige Wort lässt sich aus dem Lateinischen ableiten und stammt von dem Wort valere (= stark sein, kräftig sein) ab. Schon die alten Lateiner wussten: ein System, das überlebensfähig sein möchte, braucht starke Werte.

Für zukunftsfähige Familienunternehmen ist eine starke, wertebasierte Führung unabdingbar. Glaubwürdigkeit, Authentizität, Charisma und Vertrauen in einer Organisation hängen davon ab, wie stabil die Werte, die Kultur im Unternehmen ist und gelebt wird. Von Peter Drucker stammt der Satz: Culture eats strategy for breakfast. Die Unternehmenskultur, die „Summe der Selbstverständlichkeiten ihres Unternehmens", die Art und Weise, wie wir jeden Tag miteinander umgehen, ist von zentraler Bedeutung für den Erfolg ihres Unternehmens.

Mit dem QScore-Modell haben wir basierend auf solchen Vorüberlegungen eine Methode zur Beurteilung der Zukunftsfähigkeit entwickelt. Sie zielt darauf, deutsche Familienunternehmen fundiert zu beurteilen, um ihre Zukunftsfähigkeit zu verbessern. Mission und Purpose, Vision, Kultur und Überlebenswillen sind nämlich notwendig, aber eben nicht hinreichend! Wir haben aus einer systematischen Analyse der Forschungslage und eigenen Studien die wichtigsten Eigenschaften zukunftsfähiger Unternehmen abgeleitet: finanzielle Nachhaltigkeit, robuste Strategien mit resilienter Leistungserstellung sowie gute Fähigkeiten im Umgang mit Risiken.

Das ausgehend von den vorgelagerten Forschungsprojekten Ende 2022 gegründete QScore-Institut koordiniert heute weitere Forschungsprojekte zum Thema Zukunftsfähigkeit und ist Kommunikationsplattform für eine wachsende Zahl von Partnerinstitutionen aus Forschung und Praxis (https://www.qscore-institut.com/). Mit dem QScore-Konzept ist ein betriebswirtschaftliches Konzept entstanden mit dem Anliegen, die Zukunftsfähigkeit von Familienunternehmen, dem Rückgrat der deutschen Wirtschaft, langfristig zu sichern.

Im Dezember 2023   Werner Gleißner
                                                               Arnold Weissman

Inhaltsverzeichnis

Einführung und Überblick 1

Die wesentlichen Kerninhalte dieses Abschnittes sind:
Die grundlegende Intention des QScores als Konzept für die Beurteilung und systematische Verbesserung der Zukunftsfähigkeit von Familienunternehmen wird skizziert.
Der Nutzen der QScore-Analyse wird erläutert.

1.1 Die Zukunftsfähigkeit deutscher Unternehmen

Die wirtschaftlichen Rahmenbedingungen können für einen großen Teil der deutschen Unternehmen, speziell den mittelständischen Familienunternehmen, spätestens seit dem Jahr 2020 als „sehr herausfordernd" bezeichnet werden. Dies belegen die Ergebnisse der volkswirtschaftlichen Risikoforschung. So zeigt die „Krisenampel" nach einem Höchststand in 2022 weiter ein außergewöhnlich hohes Krisenniveau (Abb. 1.1).

Seit 2020 bestimmen die COVID-Pandemie, der Ukraine-Krieg, der Irak-Palästina-Konflikt sowie die Inflations- und Energiekrise das volkswirtschaftliche Bild maßgeblich. Zudem erhöhen sie die Wahrscheinlichkeit von Schulden- und Währungskrisen im Euroraum. Durch Lieferkettenprobleme und Energie-krise sind die Defizite der „Robustheit" Deutschlands offenkundig geworden. Bestehende strukturelle Probleme, wie Bürokratie sowie dauerhaft hohe Energie-kosten und Steuerbelastung, werden zunehmend als „Standortrisiko Deutschland" wahrgenommen.[1]

---

[1] Vgl. Weissman/Gleißner, 2023.

W. Gleißner und A. Weissman, *Das zukunftsfähige Familienunternehmen*, essentials, https://doi.org/10.1007/978-3-658-42787-0_1

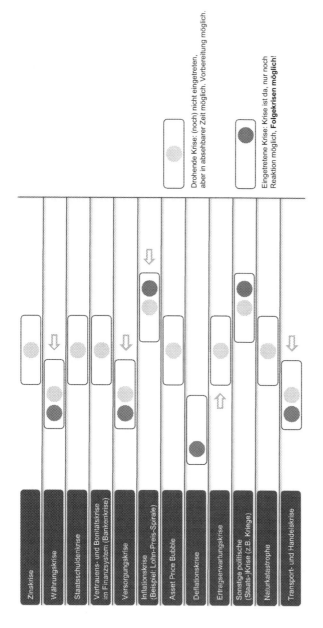

Abb. 1.1 Makroökonomische Krisenampel

Gerade für mittelständische Familienunternehmen als Rückgrat der deutschen Wirtschaft ergeben sich erkennbare Nachteile im globalen Wettbewerb. Eine Überprüfung, zielgerichtete Verbesserung und nachhaltige Sicherung der eigenen Zukunftsfähigkeit sind daher erforderlich. Dieses Themas hat sich die volks- und betriebswirtschaftliche Forschung angenommen und in den letzten Jahren umfangreiche und aufeinander abgestimmte Studien durchgeführt. Darauf aufbauend wurde ein konzeptioneller Rahmen für die Beurteilung und systematische Verbesserung der Zukunftsfähigkeit von Familienunternehmen erarbeitet. Als Maß für die Zukunftsfähigkeit wurde der sogenannte „QScore" entwickelt.[2] Der QScore beurteilt die Fähigkeiten eines Unternehmens, über einen langen Zeitraum unabhängig von Dritten und wirtschaftlich erfolgreich fortbestehen zu können. Anders als das Rating, das sich primär aus Fremdkapitalgebersicht mit der Gefahr einer Insolvenz beschäftigt, wird bei der QScore-Analyse die langfristige Eigentümerperspektive eingenommen, denn die Existenz eines Unternehmens kann nicht nur durch eine Insolvenz beendet werden, sondern oft auch durch Übernahme oder die Liquidation bei wirtschaftlichem Misserfolg. In die (fortlaufende) Weiterentwicklung des Beurteilungssystems des QScores fließen insbesondere Erkenntnisse aus dem Bereich des strategischen Managements sowie der Risiko-, Rating- und Krisenforschung und der empirischen Kapitalmarktforschung ein. Die Ergebnisse zeigen klar die besonders relevanten Kriterien für die Zukunftsfähigkeit von Unternehmen. Im Mittelpunkt stehen dabei Faktoren für die finanzielle Nachhaltigkeit, die Robustheit der Unternehmensstrategie und die Fähigkeiten eines Unternehmens im Umgang mit Chancen und Gefahren (Risiken). Risikokompetenz ist die Grundlage, um bei anstehenden Entscheidungen der Geschäftsleitung die damit einhergehenden Risiken adäquat berücksichtigen zu können. Meist sind es Risiken, die in Kombination zu Krisen führen und den Bestand von Unternehmen gefährden.

1.2 Das QScore-Konzept im Überblick

Die Zukunftsfähigkeit von Unternehmen – und damit speziell auch die Überlebensfähigkeit – lässt sich mit dem QScore fundiert beurteilen. Besonders hohe Zukunftsfähigkeit weisen robuste Unternehmen aus.[3] Diese wiederum

---

[2]Vgl. Gleißner/Weissman, 2021a.

[3]In Anlehnung an Gleißner, 2022, S. 370–372. Vgl. auch Gleißner/Wolfrum/Weissman, 2021.

sind charakterisiert durch finanzielle Nachhaltigkeit, eine robuste Strategie und ausgeprägte Fähigkeit im Umgang mit Chancen und Gefahren (Risiken), die mit jeder unternehmerischen Tätigkeit verbunden sind. Zur Spitzengruppe der zukunftsfähigen Unternehmen gehören die „kapitalmarktfähigen Familienunternehmen", die die besten Eigenschaften von langfristig orientierten Familienunternehmen mit denen leistungsfähiger börsennotierter Aktiengesellschaften verbinden, die im Hinblick auf Unternehmensplanung, Rechnungslegung und Corporate Governance höchste Standards erfüllen.

Zur Beurteilung der Zukunftsfähigkeit dient der QScore, der basierend auf zehn Einzeldimensionen und einer Vielzahl von Einzelkriterien bestimmt wird (vgl. Kap. 3).[4] Unternehmen mit herausragenden Werten des QScores, speziell die kapitalmarktfähigen Familienunternehmen, kann man zusammenfassend wie folgt charakterisieren:

Sie weisen zunächst eine hohe finanzielle Nachhaltigkeit (Stärke) auf[5] und würden daher als börsennotierte Gesellschaft als „Qualitätsunternehmen"[6] bezeichnet werden. Sie erreichen ein überdurchschnittliches reales Umsatzwachstum und können dabei ihren Marktanteil mindestens halten. Die Unternehmen sind sehr rentabel und schaffen damit Unternehmenswert, weil die Kapitalrendite deutlich über den risikoabhängigen Kapitalkosten liegt. Die durch eine Ratingnote ausdrückbare Insolvenzwahrscheinlichkeit (das Insolvenzrisiko) ist sehr niedrig; idealerweise im Bereich eines Investmentgrade-Ratings. Die Cashflow- und Ertragsvolatilität, das Ertragsrisiko, ist gering. Dadurch ergeben sich unterdurchschnittliche Anforderungen an die risikogerechte Rendite, also niedrige Kapitalkosten.

Die Eigentümer verfolgen zunächst das Ziel der nachhaltigen generationenübergreifenden Sicherung des Unternehmens (in Vision und Leitbild festgehalten) und haben die dafür notwendigen Voraussetzungen geschaffen (wie Nachfolgeregelungen). Das Unternehmen orientiert sich am Konzept einer langfristig orientierten, wertorientierten Unternehmensführung und es kann durch sein Geschäftsmodell darüber hinaus auch nachhaltigen Mehrwert für die Kunden und die Gesellschaft schaffen. Das Unternehmen ist daher attraktiv für kompetente

---

[4] Siehe dazu Gleißner, 2021a; Gleißner/Wolfrum/Weissman, 2021 und Gleißner/Weissman, 2021a.

[5] Siehe Günther/Gleißner/Walkshäusl, 2020.

[6] Siehe Piotroski, 2000; Kyosev, et al., 2020 und Walkshäusl, 2013 und 2020.

Abb. 1.2   Robuste Unternehmensstrategien

Mitarbeiter und es gelingt, diese im Hinblick auf die Erfüllung der Unternehmensziele zu motivieren und zu führen.

Das Unternehmen verfügt zudem über einen relevanten Geschäftszweck (Purpose) und eine robuste Strategie, die durch Kernkompetenzen abgesichert ist (vgl. Abb. 1.2). Die Leistungserstellung zeichnet sich durch eine hohe operative Effizienz und Resilienz aus, die durch eine effiziente und agile Organisation sowie die Verfügbarkeit aller für die Leistungserstellung erforderlichen Ressourcen ermöglicht wird. Das Unternehmen weist darüber hinaus professionelle Strukturen in den Bereichen strategischer und operativer Planung, Rechnungslegung und Corporate Governance[7] auf.

Zur nachhaltigen Absicherung des Unternehmens verfügt man über ausgeprägte Fähigkeiten im Umgang mit Unsicherheit, also mit Chancen und Risiken. Das Unternehmen ist insbesondere in der Lage, rechtzeitig neue Chancen und Gefahren (Risiken) zu identifizieren und speziell mögliche bestandsgefährdende Entwicklungen zu erkennen und zu bewältigen. So werden gravierende bestandsgefährdende, speziell strategische Risiken, wie Bedrohung von Erfolgspotenzialen oder kritischer Abhängigkeiten von Kunden und

---

[7] Inklusive Family Governance bei Familienunternehmen, vgl. Ulrich, 2011.

Lieferanten, vermieden. Durch geeignete Regelungen wird zudem sichergestellt, dass bei allen strategischen unternehmerischen Entscheidungen eine sachgerechte Entscheidungsvorbereitung stattfindet und insbesondere die mit allen Entscheidungen verbundenen Risiken gegen die erwarteten Erträge abgewogen werden. So werden mögliche Fehlentscheidungen, die den Bestand des Unternehmens gefährden können, weitgehend ausgeschlossen.

Unternehmen, die diese Charakteristika aufweisen, gehören zu den besten der Welt und erfüllen alle Voraussetzungen für dauerhafte Unabhängigkeit und nachhaltigen Erfolg – also ein Höchstmaß an Zukunftsfähigkeit, d. h. einen sehr hohen QScore.

1.3 Der Nutzen einer Beurteilung und Optimierung des QScores

Welcher konkrete Nutzen ergibt sich nun für Familienunternehmen, wenn sie den QScore bestimmen (lassen)?

1. Das Unternehmen erhält eine fundierte Analyse, die oft wenig beachtete, aber für die Zukunftsfähigkeit wesentliche Aspekte berücksichtigt, wie z. B. Ertragsrisiko und Ratingprognosen. So werden beispielsweise wichtige Kennzahlen für die Unternehmenssteuerung abgeleitet, wie z. B. der Kapitalkostensatz und die Insolvenzwahrscheinlichkeit für eine Balanced Scorecard.
2. Die Unternehmensführung erhält mit dem QScore[8] priorisierte Verbesserungsvorschläge. Die Priorisierung hilft, knappe Ressourcen, speziell die Arbeitszeit der Unternehmensführung, klar fokussiert auszurichten.
3. Das Unternehmen erhält ein fundiertes und neutrales „Zeugnis", das QScore-Zertifikat, das Informationsgrundlage sein kann für Dritte (z. B. Ratingagenturen, Banken oder wichtige Kunden).
4. Schon mit der Ermittlung des QScores können für das Unternehmen wesentliche, gesetzlich geforderte Aufgaben quasi nebenher erfüllt werden. So findet beispielsweise eine effiziente Risikoanalyse und Risikoaggregation statt, aus der man Liquiditäts- und Eigenkapitalbedarf ableiten kann. Damit wird die zentrale gesetzliche Anforderung an ein Risikomanagement erfüllt,

---

[8] Und zugehörigen Benchmark-Werten, z. B. aus Studien zu Unternehmensrisiken und Rating.

demzufolge seit 2021 „bestandsgefährdende Entwicklungen" (§ 1 StaRUG), auch aus Kombinationseffekten von Einzelrisiken, früh erkannt werden sollen (womit die Geschäftsleitung und der Beirat/Aufsichtsrat persönliche Haftungsrisiken vermeidet).

1.4　QScore-Analyse vs. traditionelle Unternehmensanalyse

Unternehmensanalysen mit ganz unterschiedlichem Fokus und Tiefgang gehören zum Standardinstrumentarium der Unternehmensberatung und werden in mehr oder weniger leistungsfähigen Varianten angeboten. Es ist aber wichtig zu beachten, dass diese etwas deutlich anderes darstellen als eine QScore-Analyse.[9] Eine Unternehmensanalyse kann bestenfalls Informationen bereitstellen, die auch bei der Beurteilung des QScores relevant sind.

Die Besonderheiten des QScores gegenüber üblichen Varianten von Unternehmensanalysen oder üblicher „Health-Checks" sind die folgenden:

1. Der QScore basiert auf einem wissenschaftlich untermauerten Konzept, das entsprechend ihrer Evidenz relevante Kriterien auswählt und kontextabhängig gewichtet.[10] Die wissenschaftliche Studienlage für die einzelnen Kriterien wird transparent aufgezeichnet und fortlaufend aktualisiert (z. B. im Hinblick auf relevante Finanzkennzahlen und deren Verknüpfung zu einer Ratingprognose; vgl. z. B. das Literaturverzeichnis).
2. Der QScore ist genau auf die Beurteilung der *langfristigen* Zukunftsfähigkeit ausgerichtet (und nicht eine Erfassung „irgendwelcher" Stärken/Schwächen des Unternehmens oder ein Rating).
   Zukunftsfähigkeit bedeutet zunächst, dass ein Unternehmen über sehr viele Jahre überlebt, und zwar als grundsätzlich eigenständiges und unabhängiges Unternehmen. Langfristige Überlebensfähigkeit bedeutet dabei aber weit mehr als ein geringes Insolvenzrisiko, wie es durch ein Rating-Verfahren beurteilt und eine Rating-Note ausgedrückt wird (vgl. Abschn. 2.1).[11] Der QScore

---

[9] Vgl. dazu Gleißner, 2022; Gleißner/Moecke/Weissman, 2023 und Gleißner/Günther/Walkshäusl, 2022.

[10] Vgl. z. B. die Studie zur finanziellen Nachhaltigkeit (Q_1 bis Q_4) von Gleißner/Günther/Walkshäusl, 2022.

[11] Siehe dazu Gleißner/Wingenroth, 2015 und Gleißner, 2022.

betrachtet die lange Frist und damit, ob z. B. das Unternehmen für die Eigentümer attraktiv bleibt (also Rendite > Kapitalkosten).

3. Neben einer für die Verbesserung der Zukunftsfähigkeit sinnvoll priorisierten Liste von Optimierungspotenzialen führt die QScore-Analyse zu genau einer Spitzenkennzahl für die Beurteilung der Zukunftsfähigkeit, eben dem QScore (auf einer Skala von 0–100 %), was auch ein Benchmarking mit anderen Unternehmen ermöglicht.

4. Die QScore-Analyse ist im Kern immer ganzheitlich ausgerichtet auf die Betrachtung aller wesentlichen Aspekte und damit klar fokussiert, sodass diese einen Zeitbedarf von nur einem konzentrierten Arbeitstag mit der Geschäftsleitung hat (in der Regel plus einem Zusatztag für die Bereitstellung erforderlicher Informationen, z. B. aus quantitativer Risikoanalyse und simulationsbasierter Risikoaggregation).

5. Der QScore ist ein einheitliches Konzept mit klar umrissener Vorgehensweise und Kriterien, das nur durch akkreditierte QScore-Analyse-Partnerunternehmen erstellt wird. Es ist entsprechend ein Produkt mit konsistenter Qualität. Der QScore wird nur durch akkreditierte neutrale Analysten ermittelt und durch das QScore-Institut qualitätsgesichert – ähnlich wie die Analyse einer Ratingagentur. Die Ermittlung ist unabhängig von der analysierenden Beratungsgesellschaft oder den weiterführenden Beratungsinteressen.[12]

6. Die QScore-Analyse beinhaltet eine systematische Identifikation, Quantifizierung und simulationsbasierte Aggregation von Risiken. Bei üblichen Unternehmensanalysen und Health-Checks findet man dagegen keine quantitative Risikoanalyse und Risikoaggregation. Diese sind jedoch erforderlich, um die Zukunftsfähigkeit sowie das Rating und die angemessene Liquiditäts- und Eigenkapitalausstattung eines Unternehmens fundiert beurteilen zu können: Es sind nämlich meist die Kombinationseffekte von Einzelrisiken, die zu schweren Krisen und Insolvenzen führen. Der Mangel an einer quantitativen Risikoanalyse ist ein besonders auffälliger Schwachpunkt traditioneller Unternehmensanalysen. Es ist ein erwähnenswerter Vorteil, dass mit der im QScore-Modell integrierten Analyse und Aggregation von Risiken die diesbezüglichen gesetzlichen Anforderungen an das Risikomanagement

---

[12] Hinweis: kritische und neutrale Analysten, die auch bereit sind, „unerfreuliche Wahrheiten" auszusprechen, agieren anders als konsens- und umsetzungsorientierte Unternehmensberater.

sämtlicher Kapitalgesellschaften, die 2021 erweitert wurden, mit erfüllt werden.[13]

7. Bei der Bestimmung des QScores werden Informationen erhoben, die es erlauben, (optional) den Unternehmenswert zu bestimmen. Die QScore-Analyse bezieht die Unternehmensplanung und eine quantitative Risikoanalyse ein. Durch die erforderlichen Simulationsrechnungen zur Beurteilung der finanziellen Nachhaltigkeit werden die für die Unternehmensbewertung erforderlichen (1) Erwartungswerte der zukünftigen Erträge und Cashflows sowie (2) Ertrags- und Insolvenzrisiken (Insolvenzwahrscheinlichkeit) abgeleitet. Ohne Kapitalmarktdaten über das Unternehmen[14] ist so die Bestimmung eines risikogerechten Unternehmenswerts möglich – und zwar unter Nutzung moderner semi-investitionstheoretischer Bewertungsverfahren[15], die Ertrags- und Insolvenzrisiken erfassen (und nicht beeinträchtigt werden durch Kapitalmarktunvollkommenheiten).[16]

Neben der Beurteilung der Zukunftsfähigkeit des Unternehmens als Ganzes ist so immer auch eine Beurteilung des Unternehmens aus Perspektive von Gläubigern (Insolvenzwahrscheinlichkeit, Rating) und Eigentümer (Unternehmenswert) konsistent zueinander möglich. Der Unternehmenswert ist hier ein Erfolgsmaßstab und Entscheidungskriterium (Performancemaß[17]) aus Perspektive der Eigentümer, das als Kennzahlen das Ertrag-Risiko-Profil eines Unternehmens ausdrückt.

Zum Abschluss ... relevante Fragen zur Reflexion:
1. Welche Bedeutung hat Zukunftsfähigkeit – Überleben und nachhaltiger Erfolg – für Ihr Unternehmen?

---

[13] Siehe dazu Gleißner, 2022 mit Bezug auf den neuen § 1 StaRUG (Gesetz über den Stabilisierungs- und Restrukturierungsrahmen für Unternehmen).

[14] Wie üblicherweise bei Anwendung des Capital Asset Pricing Models, CAPM.

[15] Aus dem Umfang der Ertragsrisiken, also der Gewinn- oder Cashflow-Volatilität, lässt sich nämlich auf risikogerechte Anforderungen an die erwartete Rendite und damit den Kapitalkostensatz (Diskontierungszinssatz) schließen, der für die Berechnung des Unternehmenswerts mit den Discounted-Cashflow-Verfahren erforderlich ist (siehe auch Gleißner/Ernst, 2023, mit einem Fallbeispiel). Höhere Risiken führen neben einem höheren Bedarf an Eigenkapital auch zu höheren Anforderungen an die Rendite.

[16] Siehe dazu Gleißner, 2019a; Ernst, 2022 und Gleißner/Follert, 2022.

[17] Siehe dazu Gleich, 2021; Gleißner, 2019b.

2. Warum sollte die Zukunftsfähigkeit Ihres Unternehmens „gerade jetzt" fundiert beurteilt werden (und welche Hemmnisse stehen einer derartigen Analyse gegebenenfalls entgegen)?

3. Welche „Quick Wins" erwarten Sie durch die QScore-Analyse (z. B. also die Erfüllung gesetzlicher Anforderungen an das Risikomanagement, das Wissen, was wirklich für den Erfolg wichtig ist, oder die Beurteilung von Nachhaltigkeit oder die Ableitung von Eigenkapital- bzw. Liquiditätsbedarf)?

Die wesentlichen Kerninhalte dieses Abschnittes sind:
In diesem Abschnitt erläutern wir die Bedeutung des Konzepts „Zukunftsfähigkeit" unter Bezugnahme auf verwandte Begriffe wie Robustheit, Resilienz, finanzielle Nachhaltigkeit und Rating.
Das QScore-Konzept basiert auf Kriterien, die aus Studien unterschiedlicher Teildisziplinen der Betriebswirtschaftslehre abgeleitet wurden. Die wichtigsten wissenschaftlichen Grundlagen und die Forschungslage werden hier kurz skizziert.

2.1 Zukunftsfähige Unternehmen: Überlebensfähigkeit, Resilienz, Robustheit, Bonität und Kapitalmarktfähigkeit

Der QScore drückt die Zukunftsfähigkeit von Unternehmen aus.

Zukunftsfähigkeit bedeutet zunächst, dass ein Unternehmen über sehr viele Jahre – über zehn Jahre oder gar ganze Generationen – überlebt, und zwar als grundsätzlich eigenständiges und unabhängiges Unternehmen. Überlebensfähigkeit ist Grundvoraussetzung für Zukunftsfähigkeit. Langfristige Überlebensfähigkeit bedeutet dabei aber weit mehr als ein geringes Insolvenzrisiko, wie es durch ein Rating-Verfahren beurteilt und eine **Rating-Note** ausgedrückt wird.[1] In einem Rating wird nur die Wahrscheinlichkeit erfasst, dass ein Unternehmen durch Überschuldung oder Illiquidität insolvent wird, also die **Bonität**.[2] Tat-

---

[1] Siehe dazu Gleißner/Wingenroth, 2015; Gleißner, 2022 und Ohlson, 1980.
[2] Oder zumindest seinen Zahlungsverpflichtungen nicht nachkommen kann.

© Der/die Autor(en) 2024   11
W. Gleißner und A. Weissman, *Das zukunftsfähige Familienunternehmen*,
essentials, https://doi.org/10.1007/978-3-658-42787-0_2

sächlich „verschwinden" aber viele Unternehmen, ohne je insolvent zu werden. Ihre Existenz wird durch die Eigentümer beendet, weil mangels wirtschaftlicher Erfolge die Fortführung des Unternehmens keinen Sinn macht (und entsprechend werden die Unternehmen folglich verkauft oder liquidiert).

Ein zukunftsfähiges Unternehmen überlebt nicht nur „irgendwie", sondern es ist über einen langen Zeitraum wirtschaftlich erfolgreich, und zwar so erfolgreich, dass keine Abhängigkeiten von externen Geldgebern (wie Kreditinstituten) bestehen. Anders als bei einem Rating werden dabei die Zukunftsperspektiven auf lange Sicht beurteilt, und nicht nur die **Insolvenzwahrscheinlichkeit** der nächsten ein, zwei oder drei Jahre.

Zukunftsfähigkeit erfordert Robustheit, ein seit Jahrzehnten verwendeter Begriff im strategischen Risikomanagement. Der begriffliche Zusammenhang zwischen Resilienz, Nachhaltigkeit und Robustheit wird nachfolgend skizziert.[3]

Brunnermeier (2021, S. 29–30) sieht **Resilienz** als eine notwendige, aber nicht hinreichende Bedingung für Nachhaltigkeit. Resilienz bedeutet nämlich, dass ein System – wie ein Unternehmen – nach einem negativen Schock wieder auf das Ausgangsniveau vor dem Schock (z. B. der Cashflows) zurückfindet.

Eine **nachhaltige Entwicklung** ist nur dann als solche anzusehen, wenn sie langfristig beibehalten werden kann.[4] Neben der Fähigkeit, negative Schocks zu überstehen, ist daher zusätzlich zu fordern, dass kein langfristiger negativer Trend besteht, der irgendwann die Existenz des Systems – z. B. eines Unternehmens – beendet (z. B. durch eine Insolvenz).

Brunnermeier geht von einem engeren Verständnis des Begriffs Robustheit aus und grenzt ihn wie folgt von Resilienz ab[5]: „*Geht es bei der Resilienz darum, nach Schocks zurückzufedern, beschreibt der Begriff der Robustheit ein Standhalten ohne Anpassung. Es ist die Fähigkeit zu widerstehen.*"

Resilienz und Robustheit haben dabei auch nach Einschätzung von Brunnermeier viele Gemeinsamkeiten, wie z. B. die Redundanzen und Sicherheitspuffer im System.

Im QScore-Konzept wird der Begriff der **Robustheit** weiter gefasst:

Es ist die Fähigkeit eines Systems gemeint, Schocks zu überleben und dabei ein Mindestlevel an Leistungsfähigkeit und Erfolg beizubehalten.

---

[3] Siehe dazu Gleißner, 2004, 2020a und 2023b.

[4] Günther/Gleißner/Walkshäusl, 2020; Günther/Günther, 2017 und Gleißner/Günther/ Walkshäusl, 2022.

[5] Brunnermeier, 2021, S. 28–29.

Schocks sind das Resultat bestehender Risiken, die sich zu einem zufalls-
abhängigen Zeitpunkt und in einer zufälligen (unsicheren) Höhe negativ oder
positiv auswirken.

Hohe Zukunftsfähigkeit bedeutet insbesondere, dass das Unternehmen den
Anforderungen des Leitbilds eines „**Robusten Unternehmens**"[6] gerecht wird
(vgl. Abb. 2.3). Ein robustes Unternehmen ist charakterisiert durch finanzielle
Nachhaltigkeit, eine robuste Strategie mit resilienter Leistungserstellung und
Fähigkeiten im Umgang mit Unsicherheit. Es ist insbesondere in der Lage, neue
Risiken rechtzeitig zu erkennen, um darauf reagieren zu können, und berück-
sichtigt bei anstehenden unternehmerischen Entscheidungen die mit den Ent-
scheidungen verbundenen Risiken (z. B. bei Investitionsentscheidungen).

Finanzielle Nachhaltigkeit erfordert dabei ein nachhaltig positives reales
Wachstum, niedrige Ertragsrisiken (Cashflow Volatilität), ein gutes Rating sowie
eine Rentabilität größer als die risikoabhängigen Kapitalkosten.[7] Um nachhaltig
zu überleben, ist es nämlich nötig, dass das Unternehmen auch wirtschaftlich für
die Eigentümer attraktiv ist, was eine Rendite oberhalb der Kapitalkosten, als
risikogerechte Anforderung an die Rendite, voraussetzt (vgl. Abb. 2.4).

Damit die Eigentümer und auch andere Stakeholder (wie Kunden und Mitarbeiter) ein ausgeprägtes Interesse an der dauerhaften Fortführung eines Unternehmens haben, ist zudem ein ansprechender Geschäftszweck, ein sogenannter
Purpose, hilfreich. Es sollte klar erkennbar sein, welchen Nutzen die Geschäfts-
aktivitäten haben, also welchen Beitrag das Unternehmen für die Bedürfnisse der
heute und in Zukunft lebenden Menschen leisten kann.[8]

Die hier skizzierten Anforderungen an ein robustes Unternehmen können
grundsätzlich Unternehmen mit beliebiger Rechtsform, Eigentümerstruktur und
sogar weitgehend unabhängig von der Größe erreichen. Alle Unternehmen mit
hoher Zukunftsfähigkeit sind auch robuste Unternehmen.

Aber es gibt robuste Unternehmen mit ganz herausragender Zukunftsfähigkeit, die einige zusätzliche bedeutende Charakteristiken aufweisen. Aufgrund der
Größe und leistungsfähiger Governance-Strukturen sind diese Unternehmen in
der Lage, ihre finanziellen Spielräume über den Kapitalmarkt zu erweitern (sei es
durch die Emission von Anleihen oder Aktien), d. h. sie besitzen **Kapitalmarkt-**

---

[6] Gleißner, 2021a sowie Gleißner, 2020c.

[7] Zur Berechnung Gleißner, 2019a.

[8] Siehe die Definition von Nachhaltigkeit und dazu Gleißner, 2023a sowie Gleißner/Follert/
Daumann, 2021.

fähigkeit. Voraussetzung ist hier ein den Kapitalmarktanforderungen genügendes Rechnungswesen, ein leistungsfähiges Planungssystem[9], sowie Governance- und speziell auch Compliance-Strukturen, die ein hohes Maß an Transparenz schaffen, Regelverstöße weitgehend vermeiden und auch eine Gefährdung des Unternehmens durch Interessenskonflikte der Eigentümer verhindern. Speziell Familienunternehmen, die robust sind und diese zusätzlichen Voraussetzungen mit sich bringen, weisen ein Höchstmaß an Zukunftsfähigkeit auf. Sie verbinden die besten Eigenschaften von Familienunternehmen, wie den Unternehmergeist und die langfristige Orientierung, mit den Eigenschaften von börsennotierten Aktiengesellschaften. Sie sind jederzeit in der Lage, Finanzmittel am Kapital- markt zu beschaffen, auch wenn dies weder notwendig noch geplant ist. Solche Unternehmen der höchsten Zukunftsfähigkeit, mit höchsten QScore-Werten, ent- sprechen dem in Gleißner/Weissman (2021b) skizzierten Leitbild der **„kapital- marktfähigen Familienunternehmen".**

2.2   Wissenschaftliche Grundlagen

Wie eingangs erläutert, basiert das QScore-Konzept und sein Kriterien-System auf einer Vielzahl wissenschaftlicher Studien. An dieser Stelle kann nur knapp auf die wichtigsten Forschungs- und Studienfelder eingegangen werden, die bei der Entwicklung des QScore besondere Bedeutung haben (vgl. Literaturverzeich- nis).

Mit den langfristigen Erfolgsperspektiven von Unternehmen und den für den Erfolg maßgeblichen Faktoren hat sich bereits seit den 1960er Jahren intensiv die strategische Managementforschung befasst (vgl. auch Abschn. 2.3).[10]

Neben theoretischen Studien haben hier – trotz diverser konzeptioneller Schwierigkeiten – auch die Erkenntnisse der empirischen Erfolgsfaktoren- Forschung[11] wichtige Anregungen gegeben. So hat die strategische Managementlehre auf die zentrale Bedeutung bestimmter Erfolgsfaktoren, wie Kernkompetenzen und klar belegbaren Wettbewerbsvorteilen in Hinblick auf

---

[9] Siehe dazu die Anforderungen der Grundsätze ordnungsgemäßer Planung, GoP 3.0 von 2022, bei Exler et al., 2023.

[10] Siehe z. B. Drucker, 2010; Mintzberg/Ahlstrand/Lampel, 2012.

[11] Siehe dazu auch Prahalad/Hamel, 1990 und Buzzell/Gale, 1989.

wesentliche Kaufkriterien der Kunden hingewiesen.[12] Besondere Bedeutung haben hier auch die Forschungsergebnisse zu den Eigenschaften robuster Unternehmen und resilienter Organisationen.[13] Beispielhaft zu erwähnen ist zudemdas in den 1990er Jahren aufgedeckte Rendite-Risiko-Paradoxon, demzufolge auch Unternehmen mit sehr niedrigen Risiken langfristig sehr hohe Renditen erzielen können (siehe z. B. Nestlé).

In den letzten Jahren wurde es besonders deutlich, dass neben der Unternehmenskultur gerade der „Purpose" eines Unternehmens für die Zukunftsfähigkeit speziell von Familienunternehmen wichtig ist und wichtige Stakeholder des Unternehmens – wie Kunden und Mitarbeiter – zunehmend die Auswirkungen unternehmerischer Tätigkeit für Gesellschaft und Umwelt betrachten. Aus der Forschung über Familienunternehmen ist zudem bekannt, vor welchen ganz spezifischen Herausforderungen diese stehen (z. B. im Hinblick auf „Family Governance").[14]

Weitere wesentliche Erkenntnisse für die Entwicklung des QScores kommen aus der Rating-, Krisen- und Risikoforschung. Die Krisenforschung befasst sich mit den Ursachen von Krisen, die oft zu Insolvenzen führen. Die Früherkennung und Vermeidung von Krisen ist für die Zukunftssicherung von Unternehmen von offenkundiger Relevanz (siehe dazu auch § 1 StaRUG und Abschn. 2.4). Die in den letzten Jahren entwickelten Verfahren zu Ratingprognosen und der Vorhersage von Insolvenzen sind insbesondere wichtig, um zu beurteilen, ob die Existenz eines Unternehmens schon auf kurze und mittlere Sicht bedroht ist. Die Insolvenzwahrscheinlichkeit eines Unternehmens (das Insolvenzrisiko) ist abhängig von 1) erwartetem Ertrag, 2) Ertragsrisiko und 3) Risikodeckungspotenzial, also Eigenkapital und Liquiditätsausstattung. Die Forschung zu Rating und Insolvenzprognoseverfahren[15] zeigt, anhand welcher Finanzkennzahlen Insolvenzprognosen möglich sind und welche zusätzliche Erkenntnis sich aus qualitativen Kriterien zu Stärken und Schwächen des Unternehmens ableiten lassen. Auch die bereits angesprochene Bedeutung von Risiken, die sich in Finanzkennzahlen nur unvollständig abbilden lassen, wird in der Ratingforschung betrachtet.

---

[12] Siehe zur Bedeutung von Differenzierungsstrategien Hofmann/Hartung/Franke, 2022.

[13] Siehe Pinkwart et al., 2022, Gleißner, 2004 und 2020c; Schäffer, 2020; Pedell/Renzl, 2021; Brunnenmeier, 2021.

[14] Siehe Weissman, 2023; Weissman/Barreuther, 2022 und Felden/Hack/Hoon, 2019 zu Familienunternehmen.

[15] Siehe z. B. Bemmann, 2007 und Gleißner/Wingenroth, 2015.

Eng verknüpft mit der Krisenforschung ist die Forschung zu Risiken und zum Risikomanagement.[16] Die nachhaltige Sicherung des Unternehmenserfolgs setzt voraus, dass neue Risiken rechtzeitig erkannt und die mit anstehenden unternehmerischen Entscheidungen verbundenen Risiken im Entscheidungskalkül berücksichtigt werden. Es sind nämlich meist Risiken, die einzeln oder in Kombination zu einer Krise und dann oft auch zu einer Insolvenz führen. Die Risikomanagementforschung hat insbesondere in den letzten 25 Jahren nicht nur die Bedeutung der Fähigkeit von Unternehmen im Umgang mit Chancen und Gefahren (Risiken) gezeigt. Entwickelt wurden auch Methoden für die Identifikation, Quantifizierung, Aggregation, Überwachung und Steuerung (Bewältigung) von Risiken. Aus der Kenntnis der erforderlichen Methoden lassen sich die Kriterien ableiten, die zur Beurteilung der Fähigkeit eines Unternehmens im Umgang mit Chancen und Gefahren relevant sind.

An der Schnittmenge zwischen Rating- und Risikoforschung sowie der Forschung zum Thema Nachhaltigkeit wurden in den letzten Jahren komplexe Risikomaße entwickelt, die in besonderer Weise geeignet sind, das Ertrag-Risiko-Profil eines Unternehmens zu beurteilen. Zu erwähnen ist hier insbesondere die „finanzielle Nachhaltigkeit"[17], die durch vier zentrale Kennzahlen gemessen wird und einen zentralen Baustein des QScore-Modells darstellt (Kriterien Q1 bis Q4, vgl. Kap. 3).

Schließlich ergeben sich wichtige Erkenntnisse für die Entwicklung des QScores aus der empirischen Kapitalmarktforschung. In einer Vielzahl empirischer Studien wurden diejenigen Faktoren extrahiert, die für die Rendite börsennotierter Unternehmen und deren Risiken (und damit das Rendite-Risiko-Profil) maßgeblich sind.[18] Die empirische Kapitalmarktforschung belegt das in der strategischen Managementlehre aufgezeigte Rendite-Risiko-Paradoxon.[19] Auch Erkenntnisse zur Bedeutung der finanziellen Nachhaltigkeit sowie zum Zusammenhang zwischen finanzieller Nachhaltigkeit und ESG-Scores sind der empirischen Kapitalmarktforschung zu verdanken.[20]

Insgesamt ist festzuhalten, dass in Anbetracht der Komplexität von Unternehmenserfolg und Zukunftsfähigkeit eine ganzheitliche Betrachtung der

---

[16] Siehe Nocco/Stulz, 2022; Gleißner, 2022 und Grammenidis/Hiebl, 2021.

[17] Siehe dazu Gleißner/Günther/Walkshäusl, 2022 und Walkshäusl/Günther/Gleißner, 2022.

[18] Siehe z. B. Fama/French, 2018a und b sowie Traut, 2023.

[19] Siehe z. B. Joyce/Mayer, 2012; Walkshäusl, 2013 und Gleißner/Walkshäusl, 2018.

[20] Siehe dazu Gleißner/Moecke/Ernst, 2023 und die dort genannte Literatur.

betriebswirtschaftlichen Forschungslage geboten ist. Die Entwicklung des QScores hat eine zusammenfassende Sichtweise auf die Erkenntnisse aus unterschiedlichen Feldern der Betriebswirtschaftslehre und angrenzender Felder der Volkswirtschaftslehre erforderlich gemacht. In der theoretischen und empirischen Forschung erkennbare „Lücken" wurden und werden durch eigene Studien des QScore-Instituts, der FutureValue Group und ihrer Partner geschlossen. Neue empirische Erkenntnisse werden immer Anlass sein, den QScore weiterzuentwickeln, z. B. durch die Berücksichtigung weiterer (Sub-)Kriterien oder die Veränderung von Gewichtungsfaktoren.

Nur durch diesen breiten wissenschaftlich orientierten Ansatz ist es möglich, mit dem QScore eine fundierte Beurteilung der Zukunftsfähigkeit von Unternehmen zu erreichen.

2.3   Theorie des Unternehmenserfolgs

Die strategische Managementforschung hat sich schon lange mit der Frage befasst, was gute, also langfristig erfolgreiche Strategien auszeichnet (vgl. Abb. 2.1).

Die industrieökonomische Richtung des strategischen Managements verweist auf die Bedeutung bestimmter Marktcharakteristika, wie Nachfragewachstum und Differenzierungsmöglichkeiten, als maßgebliche Determinanten des Unternehmenserfolgs.[21] Die sogenannte „Ressource-Based View"[22] des strategischen Managements betont, dass die Verfügbarkeit wesentlicher Ressourcen (Erfolgspotenziale, speziell Kernkompetenzen) für den Unternehmenserfolg von besonderer Relevanz ist.[23]

Eine Weiterentwicklung stellt der ab 1997 entwickelte „Capability-Based View" dar.[24] Er befasst sich mit der Frage, durch welche Eigenschaften und Fähigkeiten manche Unternehmen langfristig überleben (während andere insolvent werden). Aus einer strategischen Perspektive werden hier also Ursachen

---

[21] Siehe hierzu beispielhaft den Porter-Ansatz der fünf Wettbewerbskräfte (Porter, 2013) sowie weiterführend Eschenbach/Kunesch, 1996; Gleißner/Helm/Kreiter, 2013.

[22] Vgl. Prahalad/Hamel, 1990.

[23] In Anlehnung an Gleißner, 2022, S. 130–131.

[24] Siehe zusammenfassend Richter, 2019.

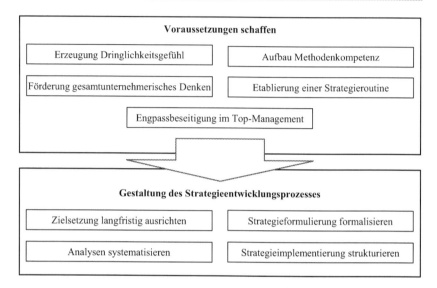

Abb. 2.1 Neun Maßnahmen den zwei Handlungsfeldern zugeordnet (Quelle: Hofmann/ Hartung/Franke, 2022, S. 756)

für „finanzielle Nachhaltigkeit"[25], die Robustheit[26] und das Insolvenzrisiko von Unternehmen betrachtet. Im Capability-Based View werden „gewöhnliche Fähigkeiten" und „dynamische Fähigkeiten" des Unternehmens unterschieden (die jeweils bei besonders positiver Ausprägung den Charakter von Kernkompetenzen aufweisen können). Die gewöhnlichen Fähigkeiten eines Unternehmens dienen dazu, die üblichen Aufgaben, also z. B. Kundengewinnung, Produktion und Beschaffung, möglichst effizient erfüllen zu können. Die dynamischen Fähigkeiten sind hingegen genau jene, die für die Anpassung des Unternehmens (speziell der gewöhnlichen Fähigkeiten) in Reaktion auf neue Anforderungen der Umwelt erforderlich sind (was den direkten Bezug zum Konzept der Kernkompetenzen verdeutlicht).

Bei den dynamischen Fähigkeiten werden Sensing, Seizing and Reconfiguring unterschieden. Sensing umfasst die Fähigkeiten, die erforderlich sind, um Veränderungen des Umfelds (z. B. der Technologien oder Kundenwünsche) zu

---

[25] Siehe Gleißner/Günther/Walkshäusl, 2022.

[26] Siehe Gleißner, 2021a.

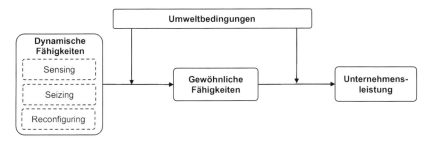

Abb. 2.2 Schematische Zusammenhänge des Capability-Based View (Quelle: Richter, 2019)

erkennen. Aus Risikomanagementperspektive kann man hier ergänzen, dass dies insbesondere auch die Fähigkeit zur frühzeitigen Identifikation strategischer Chancen und Gefahren (Risiken) umfasst. Seizing sind die Fähigkeiten, um vorhandene und benötigte neue Ressourcen beurteilen und beschaffen zu können (was auch finanzielle Mittel voraussetzt). Reconfiguring sind schließlich die Fähigkeiten, das Unternehmen (inklusive der Organisationsstruktur) unter Beachtung bestehender Chancen und Gefahren durch Umfeldveränderungen adäquat anpassen zu können.[27] Empirische Studien zeigen, dass die dynamischen Fähigkeiten die finanziellen Ergebnisse und die Überlebensfähigkeit von Unternehmen positiv beeinflussen (Abb. 2.2).[28]

Empirische Studien belegen zudem, dass sogenannte „Qualitätsunternehmen"[29] nachhaltig deutlich höhere Renditen erwirtschaften als andere Unternehmen („Quality Investing"). Diese Qualitätsunternehmen zeichnen sich durch hohe Rentabilität, niedriges Ertragsrisiko und gutes Rating aus. An der Börse erreichen solche Unternehmen eine Überrendite von mehr als 5 % pro Jahr im Vergleich zum Durchschnitt.[30] Da sich sogar bei vergleichsweise niedrigen Ertragsrisiken von Unternehmen überdurchschnittliche Renditen belegen lassen, spricht man vom Rendite-Risiko-Paradoxon des strategischen Managements.[31]

---

[27] Vgl. Grundmann/Gleißner, 2023.

[28] Siehe z. B. Karna /Richter/Riesenkampff, 2016.

[29] Vgl. Piotroski, 2000; Walkshäusl, 2013; Kyosev et al., 2020; Walkshäusl, 2013 und 2020; Günther/Gleißner/Walkshäusl (2020).

[30] Kauft man unterbewertete Qualitätsunternehmen, ergibt sich sogar eine risikoadjustierte Überrendite von mehr als 8 % (vgl. Gleißner/Walkshäusl, 2018).

[31] Vgl. Bowman, 1980 und Arrfelt et al., 2018.

Die Ursache für die gute Ausprägung bei den finanziellen Größen – Rendite, Risiko und Rating – liegt bei Qualitätsunternehmen meist in einer Fokussierung auf attraktive Märkte, in denen die verfügbaren Kernkompetenzen Wettbewerbsvorteile und damit Preissetzungsmacht ermöglichen (z. B. durch eine herausragende Marke).

Studien zeigen allerdings auch eine gravierende Gefahr: Manche Qualitätsunternehmen verlieren diesen Status recht plötzlich. Es sind beispielsweise strategische Fehlentscheidungen bei Produktentwicklung oder Akquisitionen sowie nicht erkannte Risiken, die die Erfolgspotenziale, Rentabilität und finanzielle Stabilität beeinträchtigen. Gerade im Zeitalter der Digitalisierung sieht man zudem häufig, dass Unternehmen ihre Strategie nicht rechtzeitig an aktuelle Herausforderungen anpassen oder mit neuen Chancen und Gefahren (Risiken) nicht angemessen umgehen.[32] Schließlich fehlt oft eine adäquate Absicherung gegen volkswirtschaftliche Extremrisiken und daraus resultierende Krisen, wie die Coronakrise 2020/2021 oder die Inflations- und Energiekrise.[33]

Empirische Studien betrachten auch speziell die Erfolgsfaktoren von Familienunternehmen. Sie belegen z. B. zwar einerseits eine überdurchschnittliche Resilienz[34], z. B. durch größere Flexibilität, andererseits aber auch besonders ausgeprägte Defizite bei der Früherkennung und systematischen Steuerung von Risiken (vgl. Abschn. 2.4).

Hofmann, Hartung und Franke (2022, S. 760) halten ergänzend fest: *„Die Ergebnisse der empirischen Untersuchung deuten darauf hin, dass eine systematische Entwicklung von Unternehmensstrategien im deutschen Mittelstand weiterhin die Ausnahme darstellt."*

und

„Das Bauchgefühl einzelner Entscheidungsträger spielt im strategischen Management mittelständischer Unternehmen nach wie vor eine entscheidende Rolle."

Als wesentliches Hemmnis wird der für den Mittelstand typische Ressourcenmangel, und zwar sowohl finanziell als auch personell, gesehen.

---

[32] Vgl. Gleißner, 2020a.

[33] Vgl. Gleißner, 2021c und Gleißner, 2022.

[34] Vgl. Buchner/Kuttner/Mitter/Sommerauer, 2021.

2.4 Krisenfrüherkennung und Risikomanagement zur Absicherung des Erfolgs

Robuste Unternehmen sind charakterisiert durch finanzielle Nachhaltigkeit, eine robuste Strategie in Verbindung mit einer resilienten Leistungserstellung (Organisation) und ausgeprägten Fähigkeiten im Umgang mit den jeder unternehmerischen Tätigkeit inhärenten Chancen und Gefahren (Risiken).

Eine wichtige Eigenschaft eines solchen Unternehmens besteht nämlich darin, dass es in der Lage ist, drohende Krisen früh zu erkennen, um rechtzeitig Gegenmaßnahmen ergreifen zu können. Viele Unternehmen haben hier noch Defizite. Dies war der Anlass für den Gesetzgeber, mit dem StaRUG[35] Mindestanforderungen zu formulieren. Das am 01.01.2021 in Kraft getretene Gesetz betrifft neben Aktiengesellschaften ausdrücklich auch andere juristische Personen, insbesondere die mittelständischen GmbHs.

§ 1 StaRUG entspricht weitgehend den Anforderungen des älteren Kontroll- und Transparenzgesetzes KonTraG (§ 91 Abs. 2 AktG), demzufolge Systeme zur Früherkennung von „bestandsgefährdenden Entwicklungen" einzurichten sind. Schon aus den Erläuterungen zum KonTraG ist bekannt, dass die Krisenfrüherkennung ein Risikofrüherkennungssystem erfordert, das durch Risikoanalysen aufzeigt, welcher „Grad der Bestandsgefährdung" sich aus den bestehenden Risiken und dem Risikodeckungspotenzial ergibt (siehe z. B. IDW PS 340 n.F. (2020) und DIIR RS Nr. 2.1).[36] Solche schweren Krisen, also „bestandsgefährdende Entwicklungen", sind meist das Ergebnis der Kombinationseffekte mehrerer Einzelrisiken, was eine Risikoaggregation (Monte-Carlo-Simulation) erforderlich macht. Bestandsgefährdende Entwicklungen durch (drohende) Illiquidität sind in der Regel das Resultat der Verletzung von Mindestanforderungen an das Rating oder von Kreditvereinbarungen (Covenants), die zu Kreditkündigungen führen können. Entsprechend sind die Implikationen von Risiken auf das Rating und die Covenants zu betrachten. Die Geschäftsleitung wird seit Anfang des Jahres 2021 durch § 1 StaRUG explizit verpflichtet, „geeignete Gegenmaßnahmen" zu ergreifen, wenn eine schwere Krise droht. Es werden also vonseiten des Gesetzgebers eine Planung von Gegenmaßnahmen und eine „unternehmerische Entscheidung" zu Krisenbewältigungsmaßnahmen eingefordert.

---

[35] Vgl. Gleißner/Lienhard/Kühne, 2021 und Nickert/Nickert, 2021.

[36] Vgl. DIIR- und RMA-Arbeitskreis „Interne Revision und Risikomanagement", 2022 und Gleißner, 2022.

Die Fähigkeit zur Früherkennung und Vermeidung von Krisen sowie die dafür erforderlichen Kompetenzen im Umgang mit Risiken sind ein zentraler Aspekt der Zukunftsfähigkeit und damit des QScore-Ansatzes. Unternehmen mit hohem QScore müssen die Anforderungen aus dem StaRUG erfüllen, was leicht und effizient auch schon im Rahmen einer QScore-Analyse möglich ist. Zur Beurteilung der Zukunftsfähigkeit mit dem QScore benötigt man nämlich grundsätzlich Daten aus der Risikoanalyse und simulationsbasierten Risikoaggregation. Damit werden bei einer QScore-Analyse auch die diesbezüglichen gesetzlichen Anforderungen (aus dem StaRUG) erfüllt. Die QScore-Analyse bietet auch eine „Krisenfrühwarnung".

2.5 Robustheit, zukunftsfähige Unternehmen und kapitalmarktfähige Familienunternehmen als Leitbild

Das Konzept des robusten Unternehmens[37] ist eine Leitlinie für ein strategisches Management unter Unsicherheit. Robuste Unternehmen „überstehen" schwere Wirtschaftskrisen und weisen folgende Charakteristika auf (Abb. 2.3):

a) hohe finanzielle Nachhaltigkeit (stabiles Rating, niedriges Ertragsrisiko)
b) eine robuste Strategie mit stabilen strategischen Erfolgspotenzialen als Treiber der zukünftigen finanziellen Leistungsfähigkeit und des Unternehmenswerts
c) eine hohe Kompetenz im Umgang mit Chancen und Risiken, speziell bei der Krisenfrüherkennung und Vorbereitung „unternehmerischer Entscheidungen" (zur Absicherung von a und b).

Hohe finanzielle Nachhaltigkeit ist gegeben, wenn

1. ein Unternehmen langfristig real wächst, d. h. die reale Wachstumsrate w > 0 (und mittelfristig die Eigenkapitalrendite nach Steuern größer als die Wachstumsrate ist, damit die Eigenkapitalquote nicht absinkt),
2. die risikoabhängige Insolvenzwahrscheinlichkeit (p) niedrig ist,

---

[37] Vgl. Gleißner, 2021a.

Abb. 2.3 Robustes Unternehmen

3. das Ertragsrisiko, z. B. ausgedrückt durch den Variationskoeffizient V der Gewinne, gering und für die Eigentümer „akzeptabel" ist und
4. die Kapitalrendite des Unternehmens höher ist als die risikoabhängigen Kapitalkosten, d. h. die risikogerechte Anforderung an die Rendite erfüllt ist.[38]

Hohe finanzielle Nachhaltigkeit bedeutet also, dass das Unternehmen ein niedriges Insolvenzrisiko und insgesamt eine günstige Risikoposition aufweist. Das heißt konkret, der durch die Risikoaggregation berechnete Gesamtrisikoumfang wird durch das Risikodeckungspotenzial (Eigenkapitalbedarf und Liquiditätsreserven) gedeckt (Abb. 2.4). Eine hohe finanzielle Nachhaltigkeit kann als Nebenbedingung von Eigentümern gesehen werden, die ihre unternehmerischen Risiken begrenzen möchten, insbesondere wenn ihr Vermögen stark in eigenen Unternehmen gebunden und dort nicht breit diversifiziert ist.

---

[38] Vgl. zur Berechnung Gleißner, 2019a und den Anhang.

Abb. 2.4 Kennzahlen der
finanziellen Nachhaltigkeit

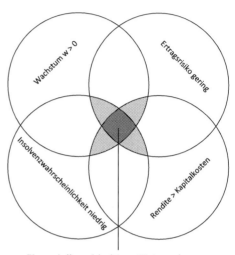

Wachstum w > 0

Ertragsrisiko gering

Insolvenzwahrscheinlichkeit niedrig

Rendite > Kapitalkosten

Finanziell nachhaltiges Unternehmen

Es besteht eine enge Verbindung zwischen finanzieller Nachhaltigkeit (Q1 bis Q4) und Risikomanagement (Q9 und Q10). Betrachtet man nämlich die vier aus Studien abgeleiteten Kennzahlen für finanzielle Nachhaltigkeit wird eines deutlich: Drei der Kennzahlen haben einen engen Bezug zum Thema Risiko und sind ohne Informationen aus dem Risikomanagement nur basierend auf historischen Daten abschätzbar. Für eine zukunftsorientierte Steuerung eines Unternehmens, und damit speziell auch für die Verbesserung der finanziellen Nachhaltigkeit, ist es natürlich empfehlenswert, die zukünftigen Ausprägungen dieser Kennzahlen zu betrachten. Eine Grundvoraussetzung für eine Prognose der Kennzahlen zur Messung der finanziellen Nachhaltigkeit ist eine quantitative Risikoanalyse und simulationsbasierte Risikoaggregation (Monte-Carlo-Simulation[39]). Der Variationskoeffizient der Gewinne ist ein Ergebnis der Risikoaggregation, wie auch die Insolvenzwahrscheinlichkeit, die von den zukünftigen Risiken des Unternehmens (und dessen Risikodeckungspotenzial) abhängt.

---

[39] Gleißner, 2022.

Die Sicherung der finanziellen Nachhaltigkeit[40] erfordert eine robuste Strategie.[41] Eine robuste Strategie basiert auf einem sinnstiftenden Geschäftszweck („Purpose") und Kernkompetenzen, die langfristig wertvoll, kaum kopierbar und vielfältig nutzbar sind.[42]

Diese Kernkompetenzen ermöglichen es – orientiert an den Kundenwünschen –, Wettbewerbsvorteile aufzubauen, die zu einer Differenzierung von Wettbewerbern und zur langfristigen Bindung von Kunden beitragen. Wichtig sind hier die Verfügbarkeit einer starken Marke, herausragende Technologie(n), (Patente), eine „kritische Masse"[43] mit Netzwerk- oder Kostendegressionseffekten oder gut abgesicherte Kundenbeziehungen (hohe Wechselkosten).[44] Dies führt zu „Preissetzungsmacht" und zur Möglichkeit, Kostenschwankungen auf Geschäftspartner zu übertragen. Unattraktive Tätigkeitsfelder oder Kundengruppen werden gemieden, ebenso kritische Abhängigkeiten (z. B. durch Diversifikation). Die Wertschöpfungskette ist resilient[45] und so gestaltet, dass nur Aktivitäten im Unternehmen erbracht werden, die nicht besser zugekauft werden können. Redundanzen und Reserven sichern dabei die organisatorische Resilienz.[46]

Ergänzend zur robusten Strategie ist ein leistungsfähiges Risikofrüherkennungssystem nötig, das speziell strategische Risiken – wie Bedrohungen der Erfolgspotenziale – früh erkennt. Zudem ist es notwendig, bei unternehmerischen Entscheidungen die mit den Entscheidungen verbundenen Risiken zu berücksichtigen, um Krisen durch übersehene Risiken oder in ihrer Kombinationswirkung unterschätzte Risiken zu vermeiden.

Die bei solchen Unternehmen wichtige Orientierung an den langfristigen Erfolgsperspektiven findet man gerade bei Familienunternehmen vor.[47] Andere nützliche Eigenschaften, wie gute Corporate Governance sowie leistungsfähige Systeme für die Entscheidungsvorbereitung und das Risikomanagement, findet man dagegen eher bei börsennotierten Gesellschaften.

---

[40] Vgl. Schäffer, 2021a.

[41] Vgl. Gleißner, 2021a.

[42] Vgl. Gleißner, 2019b.

[43] Kunden oder Umsatz.

[44] Vgl. ausführlicher Gleißner, 2021a.

[45] Siehe dazu Behringer, 2020; Günther/Günther, 2017; Schäffer, 2020.

[46] Vgl. Schäffer, 2020.

[47] Vgl. Buchner/Kuttner/Mitter/Sommerauer, 2021.

Abb. 2.5 Die Top-Klasse
der kapitalmarktfähigen
Familienunternehmen

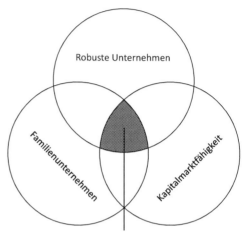

Robuste Unternehmen

Familienunternehmen

Kapitalmarktfähigkeit

Kapitalmarktfähige Familienunternehmen

Die Anforderungen an ein zukunftsfähiges Familienunternehmen[48] gehen noch weiter. Dies sind, wie Abb. 2.5[49] zeigt, robuste Unternehmen, die

1. durch Eigentumsstruktur und Führung als Familienunternehmen[50] anzusehen sind,
2. aufgrund von Größe und Wert potenziell Zugang zum Kapitalmarkt haben und
3. durch die professionelle Struktur, z. B. bei Rechnungslegung, Planung und Corporate Governance, alle Anforderungen an eine börsennotierte Aktiengesellschaft erfüllen.

Ein großer Vorteil solcher Unternehmen ist, dass sie „kapitalmarktfähig" sind. Durch den Zugang zum Kapitalmarkt können sie ihr Risikodeckungspotenzial stärken und ihre Finanzierungsrisiken reduzieren.

---

[48] Vgl. Gleißner/Wolfrum/Weissman, 2021.
[49] Quelle: FutureValue Group AG.
[50] Vgl. May, 2012 und WeissmanGruppe, 2023.

Zum Abschluss ... relevante Fragen zur Reflexion:

1. Was unterscheidet eine Ratingnote vom QScore als Maß für die Zukunftsfähigkeit?
2. Was versteht man unter dem Rendite-Risiko-Paradoxon?
3. Was charakterisiert ein „Robustes Unternehmen"?
4. Welche Bedeutung haben Fähigkeiten im Umgang mit Chancen und Gefahren (Risiken) für die nachhaltige Sicherung des Unternehmenserfolgs?

Die QScore-Kriterien Q1 bis Q10

3

Die wesentlichen Kerninhalte dieses Abschnittes sind:
In diesem Abschnitt lernen Sie die 10 Hauptkriterien des QScores (Q1 bis Q10) kennen.
Mithilfe eines einfachen Systems aus 20 Einzelfragen zu Q1 bis Q10 sind Sie in der Lage, die Zukunftsfähigkeit eines Unternehmens durch einen „indikativen QScore" kursorisch einzuschätzen.

3.1 Der QScore als Maß für die Zukunftsfähigkeit

Zur Beurteilung der Zukunftsfähigkeit dient der QScore, der basierend auf zehn Kriteriendimensionen (Q1 bis Q10) und einer Vielzahl von Einzelkriterien (und Subkriterien) bestimmt wird (vgl. Tab. 3.1).[1]

Der QScore ergibt sich durch eine kontextabhängige Gewichtung der Erfüllungsgrade bei den zehn skizzierten Dimensionen, wobei die Strategie eine zentrale Rolle spielt. Der QScore kann Werte zwischen 0 % und 100 % bei vollständiger Erfüllung erreichen.

Q1 bis Q4, die finanzielle Stärke, sind rein quantitative Kennzahlen der Jahresabschluss-, Planungs- und Risikoanalyse.

Die Berechnung der vier Kennzahlen für die finanzielle Nachhaltigkeit (Q1 bis Q4) erfolgt mithilfe des „Strategie Navigators"[2] im Rahmen der QScore-

---

[1] Siehe dazu Gleißner, 2021a; Gleißner /Wolfrum/Weissman, 2021 und Gleißner/Weissman, 2021a.

[2] Siehe Kamaras/Wolfrum, 2017 und Berger/Kamaras, 2020.

© Der/die Autor(en) 2024
W. Gleißner und A. Weissman, *Das zukunftsfähige Familienunternehmen*, essentials, https://doi.org/10.1007/978-3-658-42787-0_3

Tab. 3.1 Die QScore-Kriterienfelder für „zukunftsfähige Familienunternehmen"

Q1	**Reales Wachstum:** Das Unternehmen weist ein nachhaltiges, positiv reales Wachstum auf. Es ist zusätzlich zu wünschen, dass auch der Marktanteil zumindest nicht sinkt und mittelfristig die Eigenkapitalrendite über der Wachstumsrate liegt.
Q2	**Finanzielle Stabilität und Bonität:** Die durch das Rating ausgedrückte Insolvenzwahrscheinlichkeit ist niedrig (ein „BB"-Rating oder besser) und bleibt auch in risikobedingt möglichen Stressszenarien auf einem Niveau, das die Finanzierung des Unternehmens nicht gefährdet.
Q3	**Geringes Unternehmensrisiko:** Das Unternehmen weist keine existenzgefährdenden strategischen Risiken (speziell Bedrohung der Erfolgspotenziale) sowie ein unterdurchschnittliches Ertragsrisiko[3] auf – und damit hohe Planungssicherheit.
Q4	**Rentabilität und Wertgenerierung (Rendite > Kapitalkosten):** Das Unternehmen schafft nachhaltig Wert – d. h., die Kapitalrendite liegt über dem vom Risikoumfang abhängigen Kapitalkostensatz
Q5	**Kultur, Leitbild (Purpose) und Beschäftigte:** Das Unternehmen weist ein zukunftsorientiertes Leitbild und eine gewachsene Unternehmenskultur auf. Insbesondere orientiert es sich an den Prinzipien einer wertorientierten Unternehmensführung und verfügt über kompetente, engagierte Beschäftigte (z. B. wegen eines attraktiven „Purpose").
Q6	**Robuste Strategie:** Das Unternehmen hat eine dokumentierte, erfolgversprechende und robuste Strategie mit langfristig tragfähigen Erfolgspotenzialen, insbesondere Wettbewerbsvorteilen (wie z. B. einer Marke), und setzt diese im Tagesgeschäft um.
Q7	**Leistungserstellung, Organisation und Ressourcen:** Die Leistungserstellung des Unternehmens ist effizient, resilient, strategiekonform organisiert und bindet die Beschäftigten adäquat ein.
Q8	**Rechnungslegung, Planung und Governance:** Rechnungslegung und Unternehmensplanung entsprechen den Anforderungen an kapitalmarktorientierte Unternehmen. Strukturen und Regelungen sichern eine „gute Unternehmensführung" (Corporate Governance / Family Governance).
Q9	**Risikomanagement:** Das Unternehmen verfügt über ein Risikomanagement, das allen gesetzlichen Anforderungen gerecht wird, insbesondere mögliche „bestandsgefährdende Entwicklungen" durch Einzelrisiken oder Kombinationseffekte durch Risikoanalyse und Risikoaggregation früh erkennt und bewältigt (vgl. in Deutschland § 91 AktG und § 1 StaRUG).
Q10	**Fundierte Vorbereitung „unternehmerischer Entscheidungen":** Unternehmerische Entscheidungen basieren auf „angemessenen Informationen" (§ 93 AktG), insbesondere einer Risikoanalyse, und orientieren sich am Unternehmenswert als Erfolgsmaßstab (Performancemaß und Kennzahl des Ertrag-Risiko-Profils).

---

[3]Variationskoeffizient des Gewinns möglichst ≤ 40 % (vgl. Anhang).

Analyse, wenn die Daten im Unternehmen nicht bereits durch eine vergleichbare Software für stochastische Planung verfügbar sind. Dabei werden z. B. ausgehend von der Unternehmensplanung ein indikatives Rating und damit eine Insolvenzwahrscheinlichkeit[4] für die planmäßige Entwicklung und ein denkbares Stressszenario bestimmt. Eine kompakte strukturierte Risikoanalyse ist dann die Grundlage für eine simulationsbasierte Risikoaggregation. Dabei wird eine große repräsentative Anzahl risikobedingt möglicher Szenarien berechnet und analysiert (Monte-Carlo-Simulation). So lässt sich z. B. der Eigenkapital- und Liquiditätsbedarf des Unternehmens zur Risikoabdeckung berechnen.[5] Unmittelbar wird aus der Simulation auch die Kennzahl für das Ertragsrisiko bestimmt, nämlich die typische Schwankungsbreite um den erwarteten Gewinn (Variationskoeffizient). Aus dieser Kennzahl ist wiederum der Kapitalkostensatz ableitbar, als Anforderung an die risikogerechte Rendite.[6] Der „Grad der Bestandsgefährdung", also die Wahrscheinlichkeit für eine „bestandsgefährdende Entwicklung" im Sinne von StaRUG (§ 1) ergibt sich ebenfalls aus der Risikosimulation. Mit der Berechnung dieser Kennzahl wird eine zentrale Anforderung an das Krisen- und Risikofrüherkennungssystem erfüllt, die sich aus dem StaRUG (seit 1. Januar 2021) ergibt.

Für die weiteren sechs QScore-Dimensionen (Q5 bis Q10) existiert ein System von einzelnen Beurteilungsfaktoren, die in Abhängigkeit von der spezifischen Situation des Unternehmens und seines Geschäftsmodells modifiziert und kontextabhängig gewichtet werden können. Daraus folgend werden für jede der zehn QScore-Dimensionen – basierend auf vom Unternehmen zur Verfügung gestellten Unterlagen plus einer strukturierten und effizienten Diskussion – die Erfüllungsgrade bei den Einzelkriterien ermittelt.

Alle Beurteilungen werden zum QScore verdichtet.

Für die Auszeichnung als „zukunftsfähiges Familienunternehmen" sind in allen zehn Dimensionen festgelegte Mindestanforderungen zu erfüllen. Zusätzlich

---

[4] Für die Berechnung des Ratings werden acht Kennzahlen (vgl. Gleißner, 2022, S. 428) und die Risikoaggregation genutzt. Eine einfache Abschätzung der Insolvenzwahrscheinlichkeit p liefert aber schon das sog. „Mini-Rating" (siehe Gleißner, 2022, S. 433 f.):

$$p = \frac{0,265}{1+e^{-0,41+7,42 \cdot EKQ+11,2 \cdot ROCE}}.$$

mit ROCE als Gesamtkapitalrendite und EKQ als Eigenkapitalquote.

[5] Chancen und Gefahren (Risiken).

[6] Siehe zur Methode Gleißner, 2019a und Dorfleitner/Gleißner, 2018 sowie den Anhang.

Die Ergebnisse der 10 Q-terien (vorläufige Einschätzung durch die Analysten)

Kriterium für Zukunftsfähigkeit

- ● Erfüllt — Gold
- ◌ Nicht erfüllt — Silber
- ● Kritisches Niveau — Bronze

Nr.	Thema	Ergebnis		Zielbild
Q1	Reales Wachstum	58 %	●	Das Unternehmen weist ein nachhaltiges positiv reales Wachstum auf. Es ist zusätzlich zu wünschen, dass auch der Marktanteil zumindest nicht sinkt und mittelfristig die Eigenkapitalrendite über der Wachstumsrate liegt.
Q2	Finanzielle Stabilität und Bonität	88 %	● ◌	Die durch das Rating ausgedrückte Insolvenzwahrscheinlichkeit liegt bei unter 2 % pro Jahr (ca. ein BB Rating) und bleibt auch in risikobedingt möglichen Stressszenarien auf einem Niveau, das die Finanzierung des Unternehmens nicht gefährdet.
Q3	Geringes Unternehmensrisiko	63 %	●	Das Unternehmen weist keine existenzgefährdenden strategischen Risiken (speziell Bedrohung der Erfolgspotenziale) sowie ein unterdurchschnittliches Ertragsrisiko auf – und damit hohe Planungssicherheit.
Q4	Rentabilität und Wertgenerierung	77 %	● ◌	Das Unternehmen schafft nachhaltig Wert – d. h., die Kapitalrendite liegt dauerhaft über dem vom Risikoumfang abhängigen Kapitalkostensatz.
Q5	Leitbild (Purpose), Kultur und Mitarbeiter	71 %	● ◌	Das Unternehmen weist ein zukunftsorientiertes Leitbild und eine gewachsene Unternehmenskultur auf. Insbesondere orientiert es sich an den Prinzipien einer wertorientierten Unternehmensführung und verfügt über kompetente, engagierte Mitarbeiter.
Q6	Robuste Strategie	68 %	●	Das Unternehmen hat eine dokumentierte, erfolgversprechende und robuste Strategie mit langfristig tragfähigen Erfolgspotenzialen, insbesondere Wettbewerbsvorteile (wie einer Marke), und setzt diese im Tagesgeschäft um.
Q7	Leistungserstellung, Organisation und Ressourcen	52%	●	Die Leistungserstellung des Unternehmens ist effizient, resilient, strategiekonform organisiert und bindet die Mitarbeiter adäquat ein.
Q8	Rechnungslegung, Planung und Governance	63 %	●	Rechnungslegung und Unternehmensplanung entsprechen den Anforderungen an eine kapitalmarktorientierte Unternehmen und berücksichtigen die „Grundsätze ordnungsgemäßer Planung" (GoP), Strukturen und Regelungen ermöglichen eine „gute Unternehmensführung" (Corporate Governance).
Q9	Risikomanagement	52 %	●	Das Unternehmen verfügt über ein Risikomanagement, das allen gesetzlichen Anforderungen gerecht wird, insbesondere mögliche „bestandsgefährdende Entwicklungen" durch Einzelrisiken oder Kombinationseffekte durch Risikoanalyse und Risikoaggregation früh erkennt und bewältigt (§ 91 AktG und § 1 StaRUG).
Q10	Fundierte Vorbereitung „unternehmerischer Entscheidungen"	35 %	●	Unternehmerische Entscheidungen basieren dokumentiert auf „angemessenen Informationen" (§ 93 AktG), insbesondere einer Risikoanalyse, und orientieren sich am Unternehmenswert als Erfolgsmaßstab (Performancemaß und Kennzahl des Ertrag-Risiko-Profils).

Abb. 3.1 Die Ergebnisse der 10 Q-terien

muss das Unternehmen die Charakteristika eines Familienunternehmens und eine Größe (bzw. einen im Projekt abgeschätzten Wert) aufweisen, der einen Zugang zum Kapitalmarkt – Emission von Aktien oder Anleihen – zumindest prinzipiell zulassen würde.

Zukunftsfähige Familienunternehmen, die gemessen am Benchmark besonders hohe QScores erreichen, erhalten zusätzlich den Bronze-, Silber- oder Gold-Status. Unternehmen mit der sehr seltenen Gold-Auszeichnung kann man ohne jede Einschränkung als „Best in Class" der robusten Qualitätsunternehmen bezeichnen. Sie weisen durch finanzielle Nachhaltigkeit, robuste Strategie und kapitalmarktfähige Struktur eine so gute Zukunftsfähigkeit auf, dass – sofern sich diese Rahmenbedingungen nicht verändern – keinerlei Zweifel am dauerhaften Überleben und Erfolg bestehen (Abb. 3.1).

3.2   Der indikative QScore: eine Kompaktanalyse mit 20 Fragen

Eine fundierte Bewertung der Zukunftsfähigkeit mit dem QScore ist durch seine Fokussierung auf zentrale wissenschaftlich belegte Kriterien innerhalb von ein bis zwei Tagen möglich (vgl. Kap. 5). Für die Bestimmung notwendig ist neben einer Bewertung von Eigenschaften der Strategie, die neutral nur durch einen QScore-Analysten möglich ist, die Durchführung einer ganzen Reihe von Berechnungen. So sind beispielsweise die wesentlichen Risiken des Unternehmens systematisch zu identifizieren, zu quantifizieren und mittels Simulation zu aggregieren, um das Ertragsrisiko (die Planungssicherheit) in der Zukunft, die Eigenkapitaldeckung oder das Verhältnis von Rendite zu risikogerechten Kapitalkosten einschätzen zu können.

Eine kursorische Beurteilung der 10 Hauptdimensionen des QScore-Modells (Q1 bis Q10) ist jedoch auch in noch viel kürzerer Zeit möglich. Die nachfolgend erläuterten 20 Orientierungsfragen helfen, eine grobe Indikation der Zukunftsfähigkeit eines Unternehmens zu erhalten und zu sehen, an welchen Stellen besondere Verbesserungspotenziale bestehen. Die Schnelleinschätzung erfüllt natürlich nicht die strengen Anforderungen an die Qualität und Neutralität einer fundierten QScore-Analyse, die zu einem QScore-Zertifikat führt. Insbesondere ist bei einer Selbsteinschätzung eine systematische Verzerrung der Wahrnehmung und die oft auch nur unvollständige Kenntnis des „State of the Art" zu beachten.

Die nachfolgende Übersicht zeigt eine Zuordnung der Bewertungssymbole $--$, $-$, 0, $+$ und $++$ zu Fragen des QScores. Bei der Kompaktanalyse ist die dem QScore-Modell innewohnende kontextabhängige Gewichtung und

Plausibilisierung von Einzelfragen nicht möglich. Für die indikative Einschätzung empfiehlt es sich, die Werte bezüglich aller Fragen einzeln zu bestimmen und den Durchschnitt zu ermitteln. Zukunftsfähige Familienunternehmen müssen in allen 10 Dimensionen mindestens 50 % (eine Null) erreichen. Die Beurteilung mit „0" ist dabei Ausdruck dafür, dass

- das Unternehmen mindestens eine durchschnittliche Ausprägung des Kriteriums im Vergleich zu anderen Unternehmen erreicht (besser als das 50 %-Quantil) und
- ökonomische und rechtliche Mindestanforderungen erfüllt sind; unabhängig davon, ob dies andere Unternehmen auch erreichen.

Die bereits eine klar überdurchschnittliche Stärke anzeigende Ausprägung „+" erreichen selbst bei den kapitalmarktfähigen Unternehmen nur wenige im Durchschnitt über alle Kriterien, weshalb diese als besonderes Qualitätssiegel eine Bronze-Medaille erhalten. Die besten Unternehmen der Welt erreichen im Durchschnitt einen Erfüllungsgrad aller Kriterien von über 85 %, also weitgehend ein ++, was aufgrund der herausragenden Zukunftsfähigkeit eine „Goldmedaille" verdient.

Ausgehend von den grundlegenden Überlegungen zeigt nun die nachfolgende Tab. 3.2 eine Übersicht über 20 Fragen/Kriterien, die helfen, die Zukunftsfähigkeit eines Unternehmens einschätzen und eine erste Priorisierung von Verbesserungspotenzialen vornehmen zu können. Möglicherweise sind dabei einige Grade der quantitativen Fragen nicht leicht zu beurteilen, sodass hier – mangels näherer Daten – im Zweifelsfall eine vorsichtige Einschätzung der Ausprägung des jeweiligen Kriteriums zu empfehlen ist (– oder ––). Eine ausführliche Erläuterung der 20 Kriterien kann bei den Autoren angefordert werden (https:// www.qscore-institut.com/ oder E-Mail: kontakt@futurevalue.de; speziell zum Strategie Navigator für die Berechnungen, z. B. für die Risikoaggregation).

Zum Abschluss … relevante Fragen zur Reflexion:
1. Welches sind die 10 Hauptkriterien (Q1 bis Q10), die für die Bestimmung des QScores zu beurteilen sind?
2. Wie stellt sich der QScore Ihres/eines von Ihnen betrachteten Unternehmens bei einer Analyse anhand der 20 Fragen aus Tab. 3.2 dar?
3. Im Hinblick auf welche Kriterien bestehen die größten Verbesserungspotenziale (und was kann hier zur Verbesserung konkret unternommen werden)?

Tab. 3.2 Fragenliste

		--	-	0	+	++
Q1	Weist das Unternehmen in den letzten Jahren eine positive reale Umsatzwachstumsrate auf, und wird voraussichtlich auch in den nächsten drei Jahren mit einer positiven Rate wachsen?					
Q2	Ist die aus Finanzkennzahlen abgeleitete Insolvenzwahrscheinlichkeit niedrig[7]?					
Q3	Ist das vom Umfang der Risiken abhängige Ertragsrisiko (Planungsunsicherheit) gering und wird in den nächsten drei Jahren gering bleiben?					
Q4a	Liegen die Gesamtkapitalkosten klar über dem vom Risikoumfang abhängigen Kapitalkostensatz (der Anforderung an die Rendite)[8]?					
Q4b	Ist die (bereinigte) EBIT-Marge hoch?					
Q5a	Verfügt das Unternehmen über hoch-kompetente und motivierte Mitarbeiter?					
Q5b	Ist das Unternehmen attraktiv für kompetente Mitarbeiter (z. B. durch positive(n) Purpose und Unternehmenskultur)?					
Q5c	Sehen Eigentümer und Mitarbeiter einen Geschäftszweck/Purpose (Vision), wegen dem eine generationsübergreifende Existenzsicherung angestrebt wird?					
Q6a	Ist das Unternehmen im Wesentlichen auf attraktiven und wachsenden Märkten tätig, die Differenzierungsmöglichkeiten bieten?					
Q6b	Verfügt das Unternehmen über solide Kernkompetenzen, die zu klaren Wettbewerbsvorteilen bezüglich für die Kunden wesentlicher Kaufkriterien führen?					
Q6c	Gelingt es dem Unternehmen kritische Abhängigkeiten von wenigen Kunden, Lieferanten oder Geschäftspartnern zu vermeiden?					
Q7	Sind die Wertschöpfungsprozesse und Unterstützungsprozesse resilient, z. B. durch Redundanzen, Vorräte und Flexibilität?					
Q8a	Erfüllt das Unternehmen die Rechnungslegungsanforderung kapitalmarktorientierter Unternehmen und die Forderungen der „Grundsätze ordnungsgemäßer Planung" (GoP 3.0)?					

(Fortsetzung)

---

[7] Möglichst unter 1 %, mindestens unter 2 % pro Jahr (BB-Rating oder besser).
[8] Siehe zur Berechnung Gleißner, 2019a und 2022.

Tab. 3.2   (Fortsetzung)

	--	-	0	+	++
Q8b	Gibt es eine wirksame (Family-) Governance, d. h. z. B. Regelungen für Konfliktlösung und Nachfolge sowie einen kompetenten und wirksamen Beirat/Aufsichtsrat?				
Q9a	Kann das Unternehmen aufgrund seiner robusten Strategie die Existenz bestandsgefährdender Einzelrisiken (z. B. Bedrohung der Erfolgspotenziale) mit hoher Wahrscheinlichkeit ausschließen?				
Q9b	Erfüllt das Risikomanagementsystem alle Anforderungen (DIIR RS 2.1), d. h. werden insbesondere die wesentlichen Risiken systematisch identifiziert, sachgerecht quantifiziert und überwacht?				
Q9c	Findet mit Bezug auf eine integrierte Unternehmensplanung eine Risikoaggregation (Monte-Carlo-Simulation) statt, um Eigenkapitalbedarf und die Wahrscheinlichkeit „bestandsgefährdender Entwicklungen" beurteilen zu können (§ 1 StaRUG)?				
Q9d	Ist das Risikodeckungspotenzial des Unternehmens (Eigenkapital und Liquiditätsausstattung) belegbar deutlich größer als der aggregierte Gesamtrisikoumfang/Eigenkapitalbedarf (Value-at-Risk 99 %)?				
Q10a	Gibt es verbindliche Regelwerke für die Vorbereitung „unternehmerischer Entscheidungen" (z. B. über Investitionen) und werden basierend darauf neutrale Entscheidungsvorlagen erstellt?				
Q10b	Liegen bei sämtlichen unternehmerischen Entscheidungen der Geschäftsleitung dokumentierte Entscheidungsvorlagen vor, die alle wesentlichen Inhalte enthalten, also z. B. zu Handlungsoptionen, Annahmen, Prognosen und die Auswirkungen auf den Gesamtrisikoumfang?				

Nachhaltigkeit, ESG und QScore

4

Die wesentlichen Kerninhalte dieses Abschnittes sind:
In diesem Abschnitt wird erläutert, wie die zunehmend wichtigeren Themen Nachhaltigkeit und ESG (Economic, Social and Governance) im Rahmen der QScore-Analyse berücksichtigt werden.

Ausgehend von der Darstellung bestehender Schwächen von ESG-Scores werden Vorteile des QScores verdeutlicht.

4.1 Was ist nachhaltig?

Nachhaltigkeit, Lieferkettengesetz und Klimaschutz (CSRD[1]) sind Themen speziell auch für mittelständische Familienunternehmen. Kunden, Mitarbeiter und zunehmend Kreditinstitute, private und institutionelle Investoren verlangen „mehr Nachhaltigkeit" bzw. ein „nachhaltiges Geschäftsmodell".[2] Die Auswirkungen der Geschäftstätigkeit eines Unternehmens auf Umwelt und Klima, die Gleichstellung der Mitarbeiter und die Achtung der Menschenrechte gehören zu den „nachhaltigen" Themen, die vielen Menschen aus verständlichen Gründen sehr relevant erscheinen. In der Praxis sieht man deswegen vermehrt, dass Unternehmen aufwendig versuchen, ihr Nachhaltigkeitsrating, ausgedrückt durch einen ESG-Score, zu verbessern – oder zumindest die neuen Berichtspflichten zu erfüllen. Dies ist jedoch etwas zu kurz gedacht, denn eine reine Orientierung an

---

[1] Corporate Social Responsibility Directive, vgl. Baumüller, 2022.
[2] In Anlehnung an Gleißner/Moecke/Weissman, 2023.

© Der/die Autor(en) 2024
W. Gleißner und A. Weissman, *Das zukunftsfähige Familienunternehmen,*
essentials, https://doi.org/10.1007/978-3-658-42787-0_4

den Kriterien eines ESG-Scores ist für die (eigentlich angestrebte) „nachhaltige Unternehmensführung" problematisch.

Mit diesem Abschnitt wollen wir zeigen, dass „Nachhaltigkeit" umfassend zu betrachten ist und ein ESG-Score kein geeignetes Maß für die Nachhaltigkeit der Unternehmensführung und keine Alternative zum QScore darstellt.

Wir befassen uns zunächst mit den Herausforderungen und aktuellen Limitierungen, die mit einem ESG-Score einhergehen. Dabei grenzen wir drei wesentliche Problemfelder ab, die bei der Beurteilung der Relevanz von ESG-Scores für die Nachhaltigkeit bzw. nachhaltige Unternehmensführung bestehen:[3]

Als nachhaltig wird eine Entwicklung verstanden, die eine Befriedigung der Bedürfnisse der heute lebenden Menschen und auch zukünftiger Generationen gewährleistet.[4] Es ist zu beachten, dass es letztlich um die Bedürfnisse von Menschen geht, die natürlich nicht unabhängig von den ökologischen Rahmenbedingungen sind, welche z. B. die Versorgung der Menschen mit Nahrungsmitteln oder auch die Anzahl von Todesfällen durch Hitze und Kälte oder die Luftverschmutzung beeinflussen.[5] Eine nachhaltige Unternehmensführung hat also neben Umwelt und Gesellschaft (soziale Aspekte) ausdrücklich die Ökonomie zu berücksichtigen, speziell den (nachhaltigen) wirtschaftlichen Erfolg des Unternehmens.[6] Dies geht auch deutlich aus dem Drei-Säulen-Modell der UNO[7] hervor.

Nachhaltige Unternehmen sind zunächst einmal überlebensfähig, weisen eine hohe finanzielle Nachhaltigkeit sowie eine robuste Strategie auf.[8] Geschäftszweck (Purpose) und Geschäftsmodell sowie die Ressourcen und Kompetenzen, die für die Leistungserstellung verfügbar sind, schaffen Wettbewerbsvorteile bezüglich zentraler Kaufkriterien und tragen so maßgeblich zur Befriedigung der wesentlichen Bedürfnisse von Kunden bei. Erst quasi als „ergänzende" Anforderungen, jedoch unter Beachtung der Rückwirkung auf die finanzielle Nachhaltigkeit und Kundenorientierung, geht es der nachhaltigen Unternehmensführung um

---

[3] Siehe hierzu auch Gleißner, 2022.

[4] Vgl. dazu die entsprechenden Erläuterungen der UN Brundtland Commission, 1987, und Gleißner/Follert/Daumann, 2021.

[5] Vgl. dazu Gleißner, 2020b.

[6] Vgl. hierzu z. B. auch Rößle/Lesser, 2023.

[7] Der „Triple-Bottom-Line-Ansatz" der UNO.

[8] Gleißner, 2021a.

Abb. 4.1 Eigenschaften nachhaltiger Unternehmen

die Auswirkungen auf Umwelt und/oder Stakeholder in der Gesellschaft (siehe Abb. 4.1).[9]

Werden also Nachhaltigkeitsaspekte, bspw. aus den Bereichen E, S, G, ohne ökonomischen Wirkungsbezug auf das Unternehmen zu Sub-Scores bzw. einem Gesamt-Score verdichtet, lässt ein „besserer" ESG-Score keine Rückschlüsse auf „mehr Nachhaltigkeit" im Sinne einer nachhaltigen Entwicklung und Zukunftsfähigkeit des Unternehmens zu.

---

[9] Vgl. auch Velte/Weber, 2021. Die Substitution von „Ökonomie" durch „Governance" im ESG führt oft dazu, dass ökonomische Aspekte ignoriert werden.

4.2 Ein „besserer" ESG-Score bedeutet nicht „mehr Nachhaltigkeit" oder „mehr Erfolg"

Inzwischen ist eine Vielzahl an Anbietern von ESG-Ratings am Markt aktiv, alle mit unterschiedlichem Vorgehen zur Ableitung eines ESG-Scores. Die Vorstellung, welche Kriterien für einen ESG-Score relevant sind, variieren dabei ganz erheblich. Schon in der Diskussion um die EU-Taxonomie war es strittig, ob bei der Stromproduktion Nuklearenergie und/oder Gaskraftwerke als nachhaltig einzuschätzen sind. Ähnlich unterschiedliche Beurteilungen gibt es bei fast allen (potenziell) relevanten Kriterien und noch deutlicher bei Messverfahren (Datenerhebung) und Gewichtung. Empirische Studien zeigen regelmäßig, dass die ESG-Scores verschiedener Anbieter nur eine relativ geringe Korrelation untereinander aufweisen.[10] Burzer, Knoll und Lorenz (2022) betrachten die ESG-Scores der deutschen HDAX-Unternehmen und fassen zusammen: *„Von einer auch nur näherungsweisen Korrespondenz zwischen verschiedenen Ratings wie etwa bei den konventionellen Bonitätseinstufungen ist man jedenfalls noch Lichtjahre entfernt."*[11]

Die bisherige Studienlage darüber, wie Nachhaltigkeit eines Unternehmens (ausgedrückt durch einen ESG-Score) und ökonomischer Erfolg zusammenhängen, ist nicht eindeutig.[12] Rößle und Lesser (2023) können auch am Kapitalmarkt (DAX) keine signifikanten Performanceunterschiede zwischen hohen und niedrigen ESG-Scores erkennen (jedoch sogar eine Tendenz zur Unterperformance der besten ESG-Firmen in normalen Marktphasen).[13] Studien über den Zusammenhang von ESG-Score und Unternehmensrisiko fehlen weitgehend (untersucht wird meist nur der Zusammenhang zu Aktienkursschwankungsrisiken, ausgedrückt z. B. durch den Beta-Faktor). Gupta (2018, S. 345) fasst die Studienlage wie folgt zusammen: *„Overall, existing studies do not provide a clear link between improving environmental performance and economic benefits [...]."*

Die empirischen Ergebnisse der Studie von Gleißner, Günther und Walkshäusl (2022) für den europäischen Aktienmarkt belegen, dass Unternehmen mit hoher finanzieller Nachhaltigkeit risikoärmer sind und zugleich langfristig signifikant

[10] Vgl. Halbritter/Dorfleitner, 2015 sowie Berg/Kölbel/Rigobon, 2022.
[11] Burzer/Knoll/Lorenz, 2022, S. 1729.
[12] Zu einer Aufstellung vgl. Gleißner/Moecke/Ernst, 2022.
[13] Rößle/Lesser, 2023.

risikoadjustierte Überrenditen aufweisen. Diese belaufen sich auf ca. 5 % pro Jahr. Die finanzielle Nachhaltigkeit alleine erklärt hohe Renditen von Unternehmen weit mehr als ein ESG-Score.[14]

Eine nachhaltige Unternehmensführung ist nur dann ein sinnvoller Ansatz, wenn Nachhaltigkeit bzw. nachhaltige Entwicklung umfassend betrachtet wird. Heutige ESG-Scores können dies nicht leisten. Maßnahmen zur Verbesserung des ESG-Scores führen nicht zwangsläufig zu einer Verbesserung des zukünftigen (nachhaltigen) Unternehmenserfolgs.[15] Solche Maßnahmen können die zukünftige Ertragskraft eines Unternehmens sogar schwächen und zugleich das Unternehmensrisiko erhöhen. In diesem Zuge würden sie den Unternehmenswert reduzieren und die angestrebte Zukunftssicherung gefährden.[16] Eine Beurteilung von Maßnahmen mit dem Ziel „mehr Nachhaltigkeit" sollte entsprechend nicht alleine bezüglich der Auswirkungen auf den ESG-Score erfolgen, sondern einer integrativen Betrachtung folgend einen klaren ökonomischen Bezug aufweisen. Wie bei jeder „unternehmerischen Entscheidung" ist eine sachgerechte Vorbereitung (im Sinne der Business Judgement Rule/§ 93 AktG) geboten und ein Abwägen der Auswirkungen auf den zukünftigen Ertrag und das Risiko eines Unternehmens erforderlich.[17] Es stellt sich damit die Frage: Gibt es eine Alternative oder Ergänzung zu ESG-Scores, die die Nachhaltigkeit eines Unternehmens besser erfasst?

4.3   QScore: Wie misst man Nachhaltigkeit?

Möchte man neben dem Erfüllungsgrad der ESG-Kriterien auch die nachhaltige Entwicklung beurteilen, so benötigt man eine Ergänzung zum traditionellen ESG-Score. Genau dies leistet der QScore (möglicherweise wird man dennoch einen ESG-Score bestimmen und als Kommunikationsinstrument im Bereich Public Relations und Investors Relation nutzen (müssen)).[18]

---

[14] Vgl. Walkshäusl/Gleißner/Günther, 2022.

[15] Zur Bewertung solcher Maßnahmen siehe Gleißner/Moecke/Ernst, 2022.

[16] Gleißner, 2019a.

[17] Siehe dazu ICV, 2021 sowie Gleißner, 2021d.

[18] Siehe dazu Gleißner, 2019a und 2023a sowie Gleißner/Weissman, 2021a, und Gleißner, 2021a.

Die Facetten einer nachhaltigen Unternehmensführung werden dabei an verschiedenen Stellen in den zehn Hauptkriteriendimensionen des QScores (siehe Tab. 3.2) kontextbezogen erfasst:

1. Eine nachhaltige Unternehmensführung setzt ein Überleben des Unternehmens voraus, da nur ein existentes Unternehmen etwas zur Befriedigung der Bedürfnisse von Menschen beitragen kann. Grundvoraussetzung hierfür ist die finanzielle Nachhaltigkeit (siehe auch Abb. 2.4), die entsprechend der Kriterien Q1, Q2, Q3 und Q4 erfasst wird. Robustheit der Strategie (Q6), Effizienz und Resilienz der Leistungserstellung (Q7) sowie ausgeprägte Fähigkeiten im Umgang mit Chancen und Gefahren (Risiken), also Q9 und Q10, sind weitere Voraussetzungen für die nachhaltige Überlebensfähigkeit eines „Robusten Unternehmens".[19]

2. Eine robuste Strategie (Q6) stützt sich auf Kernkompetenzen, die es erlauben, Wettbewerbsvorteile aufzubauen. Zentrales Element bei der Beurteilung der Robustheit der Unternehmensstrategie ist die Fähigkeit eines Unternehmens, den Kunden ein attraktives Leistungsangebot entsprechend deren Bedürfnissen (Kaufkriterien) dauerhaft bereitzustellen. Für diese Fähigkeit sind ein (möglichst) sinnstiftender Purpose, eine ansprechende Unternehmenskultur und kompetente Mitarbeiter (Q5) Voraussetzung.

3. Mit dem Kriterium Q7 wird beurteilt, inwieweit das Unternehmen mit seinen verfügbaren Ressourcen und Prozessen der Leistungserstellung in der Lage ist, die für das Angebot an die Kunden erforderlichen Aktivitäten effizient, resilient und auch dauerhaft zu erbringen. Effizienz bedeutet dabei auch, dass mit den knappen Ressourcen sorgsam umgegangen wird. Der große Vorteil der marktwirtschaftlichen Ordnung besteht darin, dass bei einer Orientierung an Preisen als Knappheitsindikatoren eine Verschwendung knapper volkswirtschaftlicher und natürlicher Ressourcen bestraft wird. Eine Steigerung von Ertrag und Wert eines Unternehmens gelingt durch Effizienzsteigerung und durch sparsamen Umgang mit knappen Ressourcen, was „mehr Nachhaltigkeit" bedeutet.

4. Aus gesetzlichen Vorgaben und Anforderungen von Stakeholdern, wie Kunden oder auch Kreditgebern, lassen sich Mindestanforderungen eines Unternehmens im Umgang mit Umwelt (E), Mitarbeiter und Gesellschaft (S) und Unternehmensführung/Compliance (G) sowie der diesbezüglichen „Nach-

---

[19]Vgl. Gleißner, 2021a.

haltigkeitsberichterstattung" ableiten.[20] Die Erfüllung solcher Anforderungen wird heute als Teilaspekt der Corporate Governance eines Unternehmens gesehen, die, zusammen mit der Qualität von Rechnungslegung und Planung, über das Hauptkriterium Q8 beurteilt wird.

5. Mögliche negative Auswirkungen unternehmerischer Aktivitäten für Umwelt oder Gesellschaft führen zu Nachhaltigkeitsrisiken bzw. „ESG-Risiken". Zu diesen Risiken gehören potenzielle Schadensersatzzahlungen durch verursachte Umweltschäden, steigende und unsichere Zusatzkosten durch CO_2-Emissionen und Reputationsrisiken mit der Konsequenz von Kundenverlusten, wenn grundlegende gesellschaftliche Normen (z. B. im Hinblick auf Arbeitsschutz oder Menschenrechte) nicht beachtet werden. Nachhaltigkeitsrisiken sind wie alle anderen Unternehmensrisiken im Rahmen der Risikoanalyse des Unternehmens[21] zu betrachten und bei unternehmerischen Entscheidungen, z. B. Investitionsentscheidungen, zu berücksichtigen. Die Fähigkeiten zur Analyse und Bewältigung von Risiken (inkl. Nachhaltigkeitsrisiken) und deren adäquate Berücksichtigung bei unternehmerischen Entscheidungen werden in den Kriterien Q9 und Q10 betrachtet.

4.4 Implikationen für die Unternehmensführung und Fazit

Nachhaltigkeit und ESG-Scores haben für Unternehmen eine tendenziell steigende Bedeutung. Sie sind daher auch für die Beurteilung und die Verbesserung der Zukunftsfähigkeit eines Unternehmens relevant. Der QScore greift die Nachhaltigkeitsaspekte auf und gewichtet sie gemäß deren Relevanz für den nachhaltigen Unternehmenserfolg. Als Maß für die Zukunftsfähigkeit lässt sich der QScore damit immer auch als Kenngröße für die Nachhaltigkeit (nachhaltige Entwicklung) auffassen. Er hat fundamentale Vorteile gegenüber den ESG-Scores, sodass er in der nachhaltigen Unternehmensführung als bevorzugte Alternative oder zumindest als Ergänzung für den primär für die Kommunikation mit Stakeholdern relevanten ESG-Score aufgefasst werden kann.

Der QScore erfasst die für das Überleben eines Unternehmens grundlegend wichtige finanzielle Nachhaltigkeit (Q1 bis Q4), eine Komponente, die im „G"

---

[20] Siehe dazu Baumüller, 2022, speziell zu CSRD.
[21] Siehe Gleißner, 2022.

der ESG-Scores bisher gar nicht oder nicht adäquat berücksichtigt wurde. Alle weiteren Facetten von Nachhaltigkeit werden im QScore durch den integrativen Ansatz den jeweils relevanten QScore-Hauptkriterien (Q1 bis Q10) zugeordnet. Eine einseitige und undifferenzierte Betrachtung einzelner Aspekte wird dadurch ebenso vermieden, wie eine zu einseitige Ausrichtung auf gerade „populäre" Themenfelder eines ESG-Scores.

Zu beachten ist zudem, dass die heute verfügbaren ESG-Scores verschiedener Anbieter ganz unterschiedliche Schwerpunkte setzen und ein klarer Zusammenhang mit Unternehmenserfolg oder -risiko nicht belegt ist. Dazu kommt, dass ESG-Scores die Nachhaltigkeit eines Unternehmens nur sehr unzureichend abbilden. Im QScore wird dagegen klar erfasst, inwieweit es einem Unternehmen mit Geschäftszweck (Purpose), Strategie und Leistungserstellung tatsächlich gelingt, einen Beitrag für die Befriedigung der Bedürfnisse von Menschen, speziell seiner Kunden, zu leisten. Die Auswirkung eines Unternehmens auf Umwelt und Gesellschaft und die sich daraus ergebenden Rückwirkungen auf das Unternehmen, z. B. durch das Verhalten von Kunden, werden in der Betrachtung explizit berücksichtigt.

Fazit: Nachhaltige Unternehmensführung bedeutet, dass ein Unternehmen zunächst einmal überlebt und dann, orientiert an den Wünschen und Bedürfnissen seiner Kunden, Produkte und Dienstleistungen anbietet, die diese Kunden auch nachfragen. Genau diese Fähigkeit wird durch den QScore als Maß für die Zukunftsfähigkeit eines Unternehmens ausgedrückt. Da die Beurteilung der Zukunftsfähigkeit eines Unternehmens ohne eine Beurteilung der Wirkung seiner Geschäftstätigkeit auf Umwelt und Gesellschaft gar nicht möglich ist, werden diese Aspekte im integrativen QScore-Modell miterfasst. Damit ist der QScore ein viel umfassenderer Maßstab für die Nachhaltigkeit eines Unternehmens als ein ESG-Score.

Zum Abschluss … relevante Fragen zur Reflexion:
    1. Was unterscheidet den QScore von einem ESG-Score oder ESG-Rating?
    2. An welchen Stellen bzw. bei welchen Kriterien (Q1 bis Q10) wird das Thema „Nachhaltigkeit" im QScore berücksichtigt?

Die Analyse: Der Weg zum QScore

Die wesentlichen Kerninhalte dieses Abschnittes sind:
In diesem Abschnitt wird das typische Vorgehen bei einer neutralen QScore-Analyse erläutert, an dessen Ende die Ermittlungen des QScores steht.
Die Unternehmensbeispiele zeigen den „QScore in der Praxis".

5.1 Der Weg zum neutralen QScore-Zertifikat

Wie oben erwähnt, lassen sich der QScore eines Unternehmens und die Verbesserungspotenziale auf dem Weg zu mehr Zukunftssicherheit in einem sehr kompakten Analyse-Projekt ermitteln. Wesentlich ist, dass die Analyse und Aggregation von Risiken, die zur Beurteilung der Wahrscheinlichkeit schwerer Krisen – „bestandsgefährdender Entwicklungen" – erforderlich ist, in den Projektablauf integriert ist. Gerade bei mittelständischen Unternehmen, die heute noch oft die aus § 1 StaRUG ableitbaren Mindestanforderungen an das Risikomanagement nicht erfüllen, erhalten damit quasi „nebenher" eine StaRUG-konforme Beurteilung der „Gefährdungswahrscheinlichkeit", also der Wahrscheinlichkeit einer bestandsgefährdenden Entwicklung, z. B. durch die Verletzung von Mindestanforderungen an das Rating oder von Covenants (siehe dazu Gleißner, 2022).

Die nachfolgende Abbildung zeigt nun in einer Übersicht einen typischen Projektablauf, der sich aus zwei konzentrierten Arbeitstagen – oder auch 4 Halbtagen – zusammensetzt (Abb. 5.1).

Der erste Tag dient dabei der Bearbeitung sogenannter „Fokusthemen". In Abhängigkeit der Ausgangssituation des Unternehmens, seines Geschäftsmodells und Branchenspezifika werden dabei zur Vorbereitung der eigentlichen QScore-

© Der/die Autor(en) 2024
W. Gleißner und A. Weissman, *Das zukunftsfähige Familienunternehmen,*
essentials, https://doi.org/10.1007/978-3-658-42787-0_5

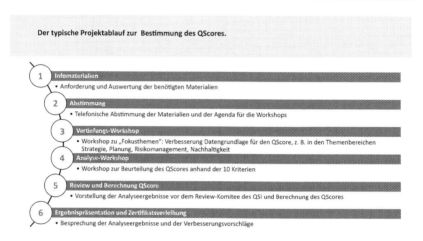

Abb. 5.1 Der typische Projektablauf zur Bestimmung des QScores

Analyse an Tag 2 bestimmte Informationsgrundlagen systematisch verbessert. Häufig ist dies gerade in Anbetracht der aktuellen Verschärfungen der gesetzlichen Anforderungen an das Risikomanagement – und der zentralen Bedeutung von Risiken für den nachhaltigen Unternehmenserfolg – insbesondere auch die fokussierte Identifikation, Quantifizierung und simulationsbasierte Aggregation von Risiken; letzteres zur Auswertung der Kombinationseffekte von Risiken. Aber grundsätzlich lassen sich hier auch andere Themen behandeln, wie z. B. – sofern nicht schon vorhanden – die Ableitung einer kompakten integrierten Unternehmensplanung, die Diskussion der Aufstellung des Unternehmens im Hinblick auf Nachhaltigkeit oder eine strukturierte Beschreibung der Unternehmensstrategie, die dann wiederum Grundlage ist für eine strategische Risikoanalyse. Bei einer solchen für die Beurteilung der Zukunftsfähigkeit besonders wichtigen strategischen Risikoanalyse wird nämlich diskutiert, inwieweit die heute wesentlichen Erfolgspotenziale des Unternehmens bedroht sind oder Veränderungen des Marktumfelds die Zukunftsfähigkeit eines Unternehmens beeinträchtigen.

Zur Vorbereitung des ersten Tages werden Informationen des Unternehmens, die schon unmittelbar verfügbar sind, angefordert und strukturiert ausgewertet, z. B. die dokumentierte Strategie, Unternehmensplanung und die Ergebnisse aus der Risikoanalyse.

Der zweite Arbeitstag dient der Verdichtung der Informationen zur Beurteilung der 10 Hauptkriterien (Q1 bis Q10). Beim Analysten-basierten Ansatz ist es dabei Zielsetzung, durch eine neutrale – durchaus auch kritische

– Analyse eine fundierte Lagebeurteilung des Unternehmens zu erstellen. Tiefgang und Schwerpunktsetzung der einzelnen Aspekte sind dabei durchaus unternehmens- und branchenspezifisch. Zentrale Kernfragen, die die Zukunftsfähigkeit eines Unternehmens immer beeinflussen, werden aber grundsätzlich behandelt.

Die nur durch vom QScore-Institut akkreditierten QScore-Analyseunternehmen erstellten QScore-Analysen werden konsequent qualitätsgesichert. Die Analyseergebnisse werden durch neutrale und erfahrene Spezialisten im QScore-Institut, die selbst nicht an der Analyse beteiligt waren, geprüft und gegebenenfalls modifiziert. Erst dann erhält das Unternehmen sein „QScore-Zertifikat" mit der Beurteilung der Dimensionen Q1 bis Q10 und den ermittelten QScore sowie die sich daraus ergebenden richtungsweisenden Vorschläge für die Verbesserung der Zukunftsfähigkeit. Das Unternehmen erhält dann auch die für den Zweck der Analyse verwendete Software „Strategie Navigator", ausgefüllt mit seinen Daten, insbesondere im Hinblick auf Planung, Rating, Risikoanalyse und simulationsbasierte Risikoaggregation (auch Eckdaten der Strategie etc. lassen sich hier abbilden). Die Software kann das Unternehmen nutzen, um an der Verbesserung der wesentlichen finanziellen Kennzahlen des QScores zu arbeiten und auch in Zukunft den gesetzlichen Anforderungen an das Risikomanagement (gemäß § 1 StaRUG), insbesondere im Hinblick auf die Risikoaggregation, gerecht zu werden. Auf Wunsch erhält das Unternehmen ergänzend eine Bestätigung, dass mit der QScore-Analyse auch die gesetzlichen Anforderungen gemäß § 1 StaRUG im Hinblick auf Risikoanalyse zur Krisenfrüherkennung erfüllt wurden.

5.2   Warum QScore? Fallbeispiele

Warum stehen viele Familienunternehmen gerade jetzt vor einer besonders großen Transformation, oft der größten in der Familiengeschichte?[1]

1. Transformation der Familienstruktur

Bei vielen Unternehmen steht in den nächsten Jahren die Übertragung von Eigentumsrechten und Leitungsverantwortung auf die nächste Generation der Familienmitglieder an. Statistiken zeigen, dass nur etwa 4 bis 5 % aller Familienunternehmen die 4. Generation erreichen – und bei vielen Unternehmen, speziell solchen aus der Nachkriegszeit, ist aktuell schon die 3. Generation in der Verantwortung. Der zunehmende zeitliche Abstand zur Gründung und der Person

---

[1] Siehe dazu Weissman/Gleißner, 2024.

des Gründers sowie eine oft auch zunehmend heterogenere Familienstruktur gefährdet Unternehmen (und speziell die an sich vom Gründer oft angestrebte „Enkelsicherheit").

2. **Erhalt der Unabhängigkeit**

Das oberste Ziel vieler Unternehmerfamilien besteht darin, die Unabhängigkeit ihres Unternehmens nachhaltig zu sichern. Unabhängigkeit erfordert Zukunftsfähigkeit und ist anspruchsvoller als das Ziel des einfachen „Überlebens" (also des Vermeidens einer Insolvenz, was auch durch den Verkauf des Unternehmens erreicht werden kann). Unabhängigkeit, insbesondere die hierfür notwendige finanzielle Unabhängigkeit, ist für viele deutsche Familienunternehmen aufgrund der häufig schwieriger werdenden Rahmenbedingungen am Standort Deutschland und vielfältigen Herausforderungen (siehe auch 3., 4. und 5.) zunehmend schwieriger geworden. Mehr denn je bedeutet die Sicherung der Zukunftsfähigkeit eine Orientierung an dem in diesem Buch skizzierten Leitbild des „kapitalmarktfähigen Familienunternehmens", das die Vorteile von Familienunternehmen (wie die langfristige Orientierung) mit den professionellen Strukturen börsennotierter Unternehmen verbindet. So sollen die Voraussetzungen geschaffen werden, um bei Bedarf (z. B. zur Wachstumsfinanzierung) auf eine (Fremd-) Finanzierung durch den Kapitalmarkt zurückgreifen zu können. Ganz entsprechend des Paradigmas der wertorientierten Unternehmensführung soll dabei neben einem niedrigen Insolvenzrisiko eine für das Wachstum ausreichende Eigenkapitalrendite erreicht werden: Die Eigenkapitalrendite (nach Steuern) ist die Obergrenze für die langfristigen Wachstumsrate des Unternehmens (ohne Eigenkapitalzufuhr). Eine zu niedrige Eigenkapitalrendite, z. B. wegen „netter", aber nicht erforderlicher Aktivitäten, kann speziell in wachsenden Märkten zu einem Verlust an Marktanteilen und damit auch an Wettbewerbsfähigkeit führen (Erfahrungskurveneffekt/Größendegression).

3. **Technologischer Wandel**

Praktisch jedes Unternehmen muss sich zunehmend dem schnellen verändernden technologischen Fortschritt und dessen Auswirkungen auf den Märkten anpassen. Technologische Anpassungsfähigkeiten sind bei der Beurteilung und Verbesserung der Zukunftsfähigkeit eines Unternehmens von immer größerer Bedeutung. Digitalisierung, mit zunehmender Möglichkeit von digitalen Produkten und digitalen Geschäftsmodellen, digitale Plattformen, maschinelles Lernen und künstliche Intelligenz sowie 3D-Druck seien hier nur beispielhaft genannt.

4. **Der richtige Umgang mit dem Thema „Nachhaltigkeit"**

Eine „nachhaltige Unternehmensführung" wird für Unternehmen zunehmend bedeutend und es ist ein zentrales Thema bei der Bestimmung des QScores, den hier erreichten Status und die Potenziale eines Unternehmens einzuschätzen. Wie in Abschn. 4 erläutert, ist nachhaltige Unternehmensführung etwas ganz anderes als ein „guter ESG-Score". Ein für die Unternehmensstrategie und die Zukunftsfähigkeit wichtiges Thema ist es zu beurteilen, welche konkreten Maßnahmen eines Unternehmens, z. B. im Hinblick auf „Umwelt und Gesellschaft", für die Zukunftsfähigkeit des Unternehmens tatsächlich wichtig sind (und welche nicht).

5. **Das Management von Komplexität**
Die Komplexität in und um die Familienunternehmen nimmt zu. Das Kunstwort VUCA (Volatility, Uncertainty, Complexity und Ambiguity) drückt diesen Sachverhalt aus. In einer komplexen Welt nimmt der Umfang bestehender Chancen und Gefahren – die Unsicherheit – zu. Neben der Verbesserung der Fähigkeit im Umgang mit Unsicherheit im Allgemeinen sind die Implikationen von „VUCA" bei der Weiterentwicklung von Unternehmenskultur, Führungsstil und Organisation zu beachten (z. B. in Form der Delegation von größeren Entscheidungsspielräumen). Der QScore-Ansatz trägt den Herausforderungen durch Komplexität dadurch Rechnung, dass hier die für die Zukunftsfähigkeit tatsächlich wichtigen Themen fokussiert aufgegriffen werden – was die Komplexität zukünftiger (strategischer) Entscheidungen deutlich reduziert.

Allen QScore-Projekten in der Praxis ist gemein, dass die Unternehmen eine fundierte Beurteilung ihrer Zukunftsfähigkeit und konkrete Ansatzpunkte für die Verbesserung erhalten wollen. Auch wenn Überlebens- und Zukunftsfähigkeit gerade für Familienunternehmen höchste Bedeutung haben, gibt es häufig einen spezifischen Anlass für den Projektstart. So kann die QScore-Analyse helfen, bei einer anstehenden oder bereits gerade durchgeführten Übergabe der Unternehmensführungsverantwortung auf einen Nachfolger, den Status des Unternehmens fundiert einzuschätzen – fundierter als dies mit traditionellen Unternehmensanalysen oder üblichen Health-Checks möglich ist.

Auch anstehende strategische Grundsatzentscheidungen machen es erforderlich, Ausgangssituationen und Handlungsspielraum, gerade im Hinblick auf akzeptable Risiken, fundiert einzuschätzen. Manche Unternehmen sehen den Vorteil der Durchführung einer QScore-Analyse gerade jetzt darin, die relevanten Facetten des Themas „Nachhaltigkeit" aus der strategischen Perspektive zu beurteilen oder – projektbegleitend – erstmals eine quantitative Risikoanalyse und simulationsbasierte Risikoaggregation durchzuführen. Diese ist, wenn entsprechende Daten noch nicht vorliegen, immer Teil einer QScore-Analyse, da die Beurteilung des Gesamtrisikoumfangs und Identifikation möglicher bestandsgefährdender Zukunftsszenarien für die Beurteilung der Zukunftsfähigkeit natürlich von grundlegender Bedeutung ist (und entsprechend werden projektbegleitend die neuen Anforderungen aus § 1 StaRUG an alle Kapitalgesellschaften erfüllt). Dies war beispielsweise mit ein Grund dafür, dass die Dockweiler AG die QScore-Analyse mit sowieso anstehenden Maßnahmen zur

Verbesserung des Risikomanagements kombiniert hat. Herr Block, Vorstands-vorsitzender der Dockweiler AG, erläutert den Gedanken wie folgt: *„In unserem managementgeführten und inhabergesteuerten Familienunternehmen ist das oberste Ziel die Erhaltung der Dockweiler AG als unabhängiges Familienunter-nehmen. Dabei gilt bei uns das Credo der Gesellschafter-Familie: Stabilität ist wichtiger als Rendite und viel wichtiger als Wachstum".* Der QScore hilft uns, Transparenz für alle Beteiligten zu schaffen, er zeigt uns aber auch die not-wendigen Verbesserungen auf dem anspruchsvollen Weg zum kapitalmarktfähigen Familienunternehmen in aller Konsequenz auf."*

Die Fressnapf Holding SE hatte dagegen schon vor der QScore-Analyse ein leistungsfähiges Risikomanagement implementiert, das in der Lage war, unter Beachtung bestehender Risiken und deren Kombinationseffekte Insolvenz-wahrscheinlichkeit und Ertragsrisiken – und damit die finanzielle Nachhaltig-keit – fundiert zu beurteilen. Intention und Nutzen der QScore-Analyse fasst der (damalige) Geschäftsführer von Fressnapf, heute Geschäftsführer des QScore-Instituts, wie folgt zusammen: *„Zum einen wollten wir eine neutrale Stand-ortbestimmung, wo wir mit der Neuausrichtung und Professionalisierung des Unternehmens konkret stehen – und dann daraus eine Roadmap ableiten, wie es weitergehen soll. Zum anderen standen wir vor einem personellen Übergang, den es möglichst transparent und handlungsorientiert zu gestalten galt. Und für alles hat sich der QScore bestens bewährt."*

Was Sie aus diesem *essential* mitnehmen können

- Die Zukunftsfähigkeit eines Familienunternehmens – Überleben, Unabhängigkeit und nachhaltiger Erfolg – lässt sich in einer strukturierten Analyse fundiert und zügig beurteilen.
- Entscheidend sind hier Kriterien, die zusammen finanzielle Nachhaltigkeit (Stärke), Robustheit der Strategie und die Fähigkeit im Umgang mit Chancen und Gefahren (Risiken) bestimmen. Letzteres ist insbesondere erforderlich, weil gerade Risiken Krisen verursachen.
- Der QScore ist eine Kennzahl für die Zukunftsfähigkeit von Unternehmen. Die auf die zentralen Aspekte fokussierte und neutrale QScore-Analyse führt neben einer Beurteilung der Zukunftsfähigkeit immer auch zu klar priorisierten Verbesserungspotenzialen. Schon bei der Analyse werden gerade bei Familienunternehmen oft erkennbare Herausforderungen, z. B. im Hinblick auf das Risikomanagement (siehe § 1 StaRUG) und das strategische Nachhaltigkeitsmanagement, projektbegleitend bewältigt (z. B. durch die Beurteilung der für die Zukunftsfähigkeit erforderliche Quantifizierung und Aggregation von Risiken).
- Die Intension des QScore-Ansatzes besteht darin, gerade den mittelständischen Familienunternehmen ein klar strukturiertes Modell für die Verbesserung ihrer Zukunftsfähigkeit zu bieten, um damit insgesamt diesem Rückgrat der deutschen Wirtschaft in herausfordernden Zeiten bessere Erfolgschancen zu bieten.

Anhang: Kennzahlen für finanzielle Nachhaltigkeit

Der **Variationskoeffizient** der Cashflows (oder der Gewinne) ist die typische Kennzahl für das **Ertragsrisiko** und damit für die Planungssicherheit. Formal ist er das Verhältnis von Standardabweichung zum Erwartungswert (oder vom Gewinn bzw. Ertrag) und drückt damit den Umfang typischer Planabweichungen in Prozent aus. Diese Kennzahl kann umgerechnet werden in eine Anforderung an eine risikogerechte Rendite, also einen **risikoangepassten Kapitalkostensatz,** wie dem Eigenkapitalkostensatz (oder ein **WACC**). Der risikoadäquate Kapitalkostensatz ist die Brücke zwischen dem Ertragsrisiko und der Rentabilität. Er drückt aus, welche Rendite in Anbetracht der Ertragsrisiken angemessen ist, d. h. welche Rendite am Kapitalmarkt für vergleichbare Risiken zu erwarten wäre.

Im Gegensatz zur traditionellen „kapitalmarktorientierten" Bestimmung (z. B. mittels Capital Asset Pricing Modell, CAPM) können die Kapitalkosten bei einer Bandbreitenplanung unmittelbar aus dem Ertragsrisiko des Bewertungsobjektes als Ergebnis von Risikoanalyse und Risikoaggregation abgeleitet werden statt aus historischen Aktienrendite-Schwankungen („simulationsbasierte Bewertung").[1] Ausgehend vom risikolosen Zinssatz r_f ergibt sich der **risikogerechte Kapitalkostensatz** wie folgt:[2]

$$k = \frac{1 + r_f}{1 - \lambda \cdot \frac{\sigma_{Ertrag}}{E^e} \cdot d} - 1 = \frac{1 + r_f}{1 - \lambda \cdot V \cdot d} - 1 \approx r_f + \lambda \cdot V \cdot d$$

---

[1]Wie üblicherweise beim Beta-Faktor des CAPM; vgl. Gleißner, 2019a sowie Ernst, 2022a.
[2]Kapitalkostensatz; vgl. zur Herleitung über „unvollständige Replikation" Gleißner, 2019a sowie Dorfleitner/Gleißner, 2018 und Gleißner/Ernst, 2023.

Kennzahlen	CCC	B	BB	BBB	A	Wert		
Finanzrating 31.12.2023								
wirtschaftliche Eigenkapitalquote, bereinigt	<10%	>10%	>20%	>35%	>60%	33,0%		⬆
Dynamischer Verschuldungsgrad fürs Rating	>8	<8	<4	<1	<0,01	-0,2		↘
Zinsdeckungsquote	<1	>1	>2,5	>4	>9	6,8		↘
operative Marge (EBIT-Marge)	<0%	>0%	>5%	>10%	>15%	7,9%		⬇
Kapitalrückflussquote	<5%	>5%	>10%	>15%	>25%	11,5%		⬇
Gesamtkapitalrendite (ROCE, mit vorjahres CE)	<0%	>0%	>5%	>10%	>20%	15,5%		↘
Quick-Ratio	<60%	>60%	>90%	>140%	>200%	105,3%		⬆
Verbindlichkeitenrückflussquote	<-10%	>-10%	>0%	>10%	>20%	10,7%		➡

Finanzrating 31.12.2023		3,1
Indikation S&P Note		BB
PD gemäß Finanzrating für das Folgejahr 2024		2,12%

Abb. A.1 Finanzrating

Das Verhältnis von Ertragsrisiko σ_{Ertrag} zum erwarteten Ertrag $E^e = E(Ertrag)$ ist der **Variationskoeffizient** V, der die „übliche Schwankungsbreite", also die Planungsunsicherheit in %, ausdrückt. Die Größe λ stellt die **Überrendite pro Einheit Risiko (Sharpe Ratio)** dar und drückt das Ertrag-Risiko-Profil der Alternativinvestments aus:

$$\lambda = \frac{Marktrisikoprämie}{\sigma_{r_m}} = \frac{r_m^e - r_f}{\sigma_{r_m}}$$

Sie ist abhängig von der erwarteten Rendite des Aktienmarktes r_m^e, deren Standardabweichung σ_{r_m} und dem risikolosen Basiszins r_f. Ein λ von beispielsweise markttypischen 0,25 besagt, dass man pro Einheit mehr Risiko 0,25 % mehr Rendite erwarten kann. Da die Eigentümer nicht unbedingt alle Risiken des Unternehmens tragen, ist zudem deren **Risikodiversifikationsfaktor** (d) in der Gleichung zu berücksichtigen. Er zeigt den Anteil der Risiken eines Unternehmens, den die Eigentümer zu tragen hat. Der Risikodiversifikationsgrad d ist in einem realen unvollkommenen Markt abhängig von den Möglichkeiten des Eigentümers (Bewertungssubjekts) auf der Ebene seines Portfolios, Risikodiversifikationseffekte zu erreichen (oft gilt etwa d = 0,5).

Das Insolvenzrisiko (Rating) kann man mit den in Abb. A.1 gezeigten Kennzahlen prognostizieren, die aus der Unternehmensplanung abgeleitet werden (Berechnung durch die kostenlose Basisversion des „Strategie Navigators": https://futurevalue.de/leistungen-produkte/strategienavigator/).

Literatur

Allen, J./Zook, Ch. (2022): Die Kraft des zweiten Wachstumsmotors, in: Harvard Business Manager, September 2022, S. 40–49.

Arrfelt, M./Mannor, M./Nahrgang, J. D./Christensen, A. L. (2018): All risk-taking is not the same: examining the competing effects of firm risk-taking with meta-analysis, in: Review of Managerial Science, Vol. 12, No. 3, S. 621–660.

Baumüller, J. (2022): Die Endfassung der Corporate Sustainability Reporting Directive (CSRD), in: Der Betrieb, Jg. 75, Heft 47, S. 2745–2755.

Behringer, S. (2020): Finanzielle Resilienz: Notwendige Lehren aus der Krise – Krisentragfähigkeit und Zukunftsfähigkeit der Unternehmen, in: KSI, Heft 4, S. 155–158.

Bemmann, M. (2007): Entwicklung und Validierung eines stochastischen Simulationsmodells für die Prognose von Unternehmensinsolvenzen, Dissertation, Dresden.

Berg, F./Kölbel, J. F./Rigobon, R. (2022): Aggregate Confusion: The Divergence of ESG Ratings, in: Review of Finance, Vol. 26, No. 6, S. 1315–1344.

Berger, Th./Kamaras, E. (2020): Ableitung eines Ratings mit Hilfe der Risikoaggregation – Ein Fallbeispiel, in: Controller Magazin, Heft 5, September/Oktober 2020, S. 29–34.

Bowman, E. (1980): A risk/return-paradox for strategic management, in: Sloan Management Review, Vol. 21, No. 4, S. 17–33.

Brundtland Commission (1987): Report of the World Commission on Environment and Development: Our Common Future, United Nations, Download unter: http://www.un-documents.net/our-common-future.pdf (abgerufen am 16.12.2023).

Brunnermeier, M. K. (2021): Die resiliente Gesellschaft. Wie wir künftige Krisen besser meistern können, Aufbau Verlag, Berlin.

Buchner, M./Kuttner, M./Mitter, Ch./Sommerauer, P. (2021): Resilienz von Familienunternehmen – Eine systematische Literaturanalyse, in: BFuP, 73. Jg., Heft 3, S. 225–252.

Burzer, J./Knoll, L./Lorenz, D. (2022): ESG und deutsche Aktien: Liegt die Nachhaltigkeit im Auge des Betrachters?, in: Der Betrieb, 75. Jg., Heft 30, S. 1721–1729.

Buzzell, R./Gale, B. (1989): Das PIMS-Programm – Strategie und Unternehmenserfolg, Wiesbaden.

DIIR- und RMA-Arbeitskreis „Interne Revision und Risikomanagement" (2022): Der neue DIIR Revisionsstandard Nr. 2 zur Prüfung des Risikomanagementsystems.

Implikationen von FISG und StaRUG für die Interne Revision, in: ZIR, Heft 3, S. 112-117.

Dorfleitner, G./Gleißner, W. (2018): Valuing streams of risky cashflows with risk-value models, in: Journal of Risk, Vol. 20, No. 3 (February 2018), S. 1–27.

Drucker, P. F. (2010): Was ist Management: Das Beste aus 50 Jahren, 7. Aufl., Econ, Berlin.

Edmans, A. (2021): Grow the Pie: How Great Companies Deliver Both Purpose and Profit, Cambridge University Press.

Ernst, D. (2022): Simulation-Based Business Valuation: Methodical Implementation in the Valuation Practice, in: Journal of Risk and Financial Management, Jg. 15, Heft 5, S. 200 – 217.

Eschenbach, R./Kunesch, H. (1996): Strategische Konzepte – Management-Ansätze von Ansoff bis Ulrich, 3. Auflage, Stuttgart.

Eulerich, M./Eulerich, A./Fligge, B. (2023): Analyzing the strategy–performance relationship in Germany – can we still use the common strategic frameworks?, in: Journal of Strategy and Management, Bd. 16, Nr. 3, S. 516–532.

Exler, M./Gleißner, W./Obersteiner, R./Presber, R./Redley, R./Henning, W./Weyrather, Ch. (2023): Die neuen Grundsätze ordnungsgemäßer Planung. In der neuen Version GoP 3.0 von 2022, in: Controller Magazin, Heft 1 (Januar/Februar 2023), S. 74–78.

Fama, E.F./French, K. R. (2018a): Choosing factors, in: Journal of Financial Economics, Vol. 128, No. 2, S. 234–252.

Fama, E.F./French, K. R. (2018b): Long-Horizon Returns, in: Review of asset pricing studies, Vol. 8, No. 2, S. 232–252.

Felden, B./Hack, A./Hoon, Ch. (2019): Management von Familienunternehmen. Besonderheiten – Handlungsfelder – Instrumente, 2. Aufl., Springer Gabler Wiesbaden.

Gidlewitz, H.-J./Moecke, Ph. (2023): Unternehmen müssen jetzt ihre Zukunftsfähigkeit verbessern, 20.01.2023, Download unter: https://www.unternehmeredition.de/unternehmen-muessen-jetzt-ihre-zukunftsfaehigkeit-verbessern/ (abgerufen am 16.12.2023).

Gleich, R. (2021): Performance Measurement – Konzepte, Fallstudien, Empirie und Handlungsempfehlungen – Praktischer Einstieg in die Gestaltung und Anwendung, 3. Auflage, Vahlen Verlag, München.

Gleißner, W. (2004): FutureValue – 12 Module für eine wertorientierte strategische Unternehmensführung, Wiesbaden.

Gleißner, W. (2019a): Cost of capital and probability of default in value-based risk management, in: Management Research Review, Vol. 42, No. 11, S. 1243–1258.

Gleißner, W. (2019b): Wertorientierte Unternehmensführung, Strategie und Risiko, eBook (amazon kindle).

Gleißner, W. (2020a): Unternehmensstrategie und strategische Positionierung im Zeitalter der Digitalisierung, in: Controller Magazin, Heft 1/2020, S. 4–13.

Gleißner, W. (2020b): Corona-Krise und die Risikolage der Welt. Wie riskant ist die Welt wirklich?, 07.04.2020, Download unter: https://www.risknet.de/themen/risknews/wie-riskant-ist-die-welt-wirklich/ (abgerufen am 16.12.2023).

Gleißner, W. (2020c): Robuste Strategien oder optimale Anpassung und Effizienz? oder Wie überlebt man disruptive Innovationen und Wirtschaftskrisen?, in: Risk Management Association e. V. (RMA)(Hrsg.): Krisenbewältigung mit Risikomanagement, Jahrbuch Risikomanagement 2020, Erich Schmidt Verlag, Berlin, S. 25–47.

Gleißner, W. (2021a): Strategisches Management unter Unsicherheit: Das robuste Unternehmen, in: REthinking Finance, Heft 1, S. 33–41.

Gleißner, W. (2021b): Krisenfrüherkennung und Kennzahlen einer Krisenampel. Implikationen aus dem StaRUG (2021), in: Controller Magazin, Heft 5 (September/Oktober 2021), S. 34–42.

Gleißner, W. (2021c): Die COVID-19-Pandemie und der Umgang mit Risiken und Krisen: Lessons Learned für Staaten und Unternehmen, in: Corporate Finance, Nr. 05–06 vom 28.05.2021, S. 121–127.

Gleißner, W. (2021d): Unternehmerische Entscheidungen. Haftungsrisiken vermeiden (§ 93 AktG, Business Judgement Rule), in: Controller Magazin, Heft 1 (Januar/Februar 2021), S. 16–23.

Gleißner, W. (2022): Grundlagen des Risikomanagements. Handbuch für ein Management unter Unsicherheit, 4. Aufl., Vahlen Verlag München.

Gleißner, W. (2023a): Nachhaltigkeit ist mehr als ein guter ESG-Score, in: ESGZ, Heft 1.2023, S. 43–47.

Gleißner, W. (2023b): Uncertainty and Resilience in Strategic Management: Profile of a Robust Company, in: International Journal of Risk Assessment and Management, Jg. 26, Heft 1, S. 75–94.

Gleißner, W./Ernst, D. (2023): The simulation-based valuation of companies and their strategies: classification, methodology and case study, in: EBVM – The European Business Valuation Magazine, Bd. 2, Nr. 2, S. 4–16.

Gleißner, W./Follert, F. (2022): Unternehmensbewertung im Spannungsfeld zwischen Zweckadäquanz und Praktikabilität: Ein Lösungsansatz für die gerichtliche Abfindungsbemessung, in: BFuP, 74. Jg., Heft 4, S. 395–419.

Gleißner, W./Follert, F./Daumann, F. (2021): „Alles zu seiner Zeit": ein kritischer Diskussionsbeitrag zum Thema Nachhaltigkeit, in: Zeitschrift für Umweltpolitik und Umweltrecht (ZfU), Heft 4/2021a, S. 500–515.

Gleißner, W./Günther, Th./Walkshäusl, Ch. (2022): Financial sustainability: measurement and empirical evidence, in: Journal of Business Economics, Vol. 92, No. 3, S. 467–516.

Gleißner, W./Helm, R./Kreiter, S. (2013): Measurement of competitive advantages and market attractiveness for strategic controlling, in: Journal of Management Control, Vol. 24, No. 1, S. 53–75.

Gleißner, W./Lienhard, F./Kühne, M. (2021): Implikationen des StaRUG. Neue gesetzliche Anforderungen an das Krisen- und Risikofrüherkennungssystem, in: Zeitschrift für Risikomanagement (ZfRM), 2. Jg., Heft 2.21, S. 32–40.

Gleißner, W./Moecke, Ph./Ernst, D. (2022): Die simulationsbasierte Bewertung von Nachhaltigkeitsrisiken und Nachhaltigkeitsmanagement, in: ZfKE – Zeitschrift für KMU und Entrepreneurship, 70. Jg., Heft 3/4–2022b, S. 169–196.

Gleißner, W./Moecke, Ph./Weissman, A. (2023): Umfassendes Nachhaltigkeitsmanagement: Der QScore als bessere Alternative zu einem ESG-Score, in: FuS – Zeitschrift für Familienunternehmen und Strategie, Heft 5, S. 191–198.

Gleißner, W./Walkshäusl, Ch. (2018): Erfolgreiche Value-Anlagestrategien durch risiko- und ratinggerechte Unternehmensbewertung – Ertragsrisiken, Rating, Kapitalkosten und Aktienrenditen, in: Corporate Finance, Heft 05–06/2018 vom 28.05.18, S. 161–171.

Gleißner, W./Weissman, A. (2021a): Der Family-Q-Score: Qualitätssiegel für krisenfeste Familienunternehmen und Rahmen für die Finanzierung, in: REthinking Finance, Heft 5 (Oktober 2021), S. 35–42.

Gleißner, W./Weissman, A. (2021b): Mit dem Family-Q-Score zur Unternehmernachfolge, in: Unternehmeredition, Heft 1/2021, S. 30–32.

Gleißner, W./Wingenroth, Th. (2015): Rating und Kreditrisiko Teil 2, in: Kredit & Rating Praxis, Heft 6/2015, S. 19–22.

Gleißner, W./Wolfrum, M./Weissman, A. (2021): Das kapitalmarktfähige Familienunternehmen: eine ideale Symbiose. Mit dem Q-Score die Unabhängigkeit und Zukunftsfähigkeit sichern, in: Zeitschrift für Familienunternehmen und Stiftungen (FUS), 11. Jg., Heft 2/2021c, S. 71–76.

Grammenidis, G./Hiebl, M. R. W. (2021): Enterprise Risk Management in Germany, in: Maffei, M. (Hrsg.): Enterprise Risk Management in Europe, Emerald Publishing Limited, Bingley, S. 23–37.

Grundmann, Th./Gleißner, W. (2023): Transformation Scorecard. Wirksam handeln in der nachhaltigen und digitalen Unternehmenstransformation, Springer Gabler Wiesbaden.

Günther, T./Günther, E. (2017): Finanzielle Nachhaltigkeit. Messung, finanzielle Steuerung und Herausforderungen, in: Hoffjan, A./Knauer, T./Wömpener, A. (Hrsg.): Controlling. Konzeptionen, Instrumente, Anwendungen. Stuttgart: Schäffer Poeschel, S. 79–90.

Günther, T./Gleißner, W./Walkshäusl, C. (2020): What happened to financially sustainable firms in the Corona crisis?, in: NachhaltigkeitsManagementForum, Vol. 28, Heft 3/2020, S. 83–90, Download unter: https://rdcu.be/b5Ndb (abgerufen am 16.12.2023).

Gupta, K. (2018): Environmental Sustainability and Implied Cost of Equity: International Evidence, in: Journal of Business Ethics, Vol. 147, No. 2 (Januar 2018), S. 343–365.

Halbritter, G./Dorfleitner, G. (2015): The wages of social responsibility – where are they? A critical review of ESG investing, in: Review of Financial Economics, Vol. 26, S. 25–35.

Hamann, P. M./Halw, O./Günther, Th. W. (2022): Meta-analysis of the corporate planning–organizational performance relationship: A research note, in: Strategic Management Journal, Download unter: https://onlinelibrary.wiley.com/doi/epdf/10.1002/smj.3476 (abgerufen am 16.12.2023).

Haas, O./Huemer, B./Preissegger, I. (2022): Resilienz in Organisationen. Erfolgskriterien erkennen und Transformationsprozesse gestalten, Schäffer Poeschel Stuttgart.

Held, M./Müller-Seitz, G. (2022): Strategische Souveränität, in: WiSt, Heft 5/2022, S. 4–9.

Hofmann, K. H./Hartung, C./Franke, J. (2022): Die Organisation und Bedeutung von Strategieentwicklung und -implementierung in mittelständischen Unternehmen: Eine empirische Untersuchung, in: Betriebswirtschaftliche Forschung und Praxis (BFuP), 74. Jg., Heft 6, S. 744–763.

Internationaler Controller Verein e.V. (ICV) (Hrsg.): Entscheidungsvorlagen für die Unternehmensführung. Leitfaden für die Vorbereitung unternehmerischer Entscheidungen (Business Judgement Rule), Haufe-Lexware GmbH, Freiburg, 2021.

Joyce, C./Mayer, K. (2012): Profits for the long run: Affirming the case for quality', white paper, GMO, Boston, MA, Download unter: http://csinvesting.org/wp-content/uploads/2012/06/gmo_wp_-_2012_06_-_profits_for_the_long_run_-_affirming_quality.pdf (abgerufen am 16.12.2023).

Kamaras, E./Wolfrum, M. (2017): Software für Risikoaggregation: Gängige Lösungen und Fallbeispiel, in: Gleißner, W./Klein, A. (Hrsg.): Risikomanagement und Controlling, 2. Aufl., Haufe-Lexware, München, S. 289–314.

Karna, A./Richter, A./Riesenkampff, E. (2016): Revisiting the Role of the Environment in the Capabilities-Financial Performance Relationship: A Meta-Synthesis, in: Strategic Management Journal, Vol. 37, S. 1154–1173.

Kim, W. CH./Mauborgne, R. (2016): Der Blaue Ozean als Strategie: Wie man neue Märkte schafft, wo es keine Konkurrenz gibt, 2. Aufl., Carl Hanser Verlag.

Kyosev, G./Hanauer, M. X./Huij, J./Lansdorp, S. (2020): Does Earnings Growth Drive the Quality Premium?, in: Journal of Banking & Finance, Vol. 114 (May 2020), Download unter: https://ssrn.com/abstract=2794807 (abgerufen am 16.12.2023).

May, P. (2012): Erfolgsmodell Familienunternehmen. Das Strategie-Buch, Murmann Verlag.

Mintzberg, H./Ahlstrand, B./Lampel, J. (2012): Strategy Safari: Der Wegweiser durch den Dschungel des strategischen Managements, 2. Aufl., Finanzbuch Verlag, München.

Nickert, A./Nickert, C. (2021): Früherkennungssystem als Instrument zur Krisenfrüherkennung nach dem StaRUG, in: GmbHR, Heft 8 (April 2021), S. 401–413.

Nocco, B. W./Stulz, R. M. (2022): Enterprise Risk Management: Theory and Practice, in: Journal of Applied Corporate Finance, Vol. 34, No. 1, S. 81–94

Ohlson, J. A. (1980): Financial ratios and the probabilistic prediction of bankruptcy, in: Journal of Accounting Research 18, S. 109–131.

Pedell, B./Renzl, B. (2021): Purpose und Resilienz, in: Controlling, 33. Jg., Spezialausgabe Sommer 2021, S. 120–125.

Pinkwart, A./Schingen, G./Pannes, A.-T./Schlotböller, D. (2022): Improving Resilience in Times of Multiple Crisis. Commentary from a German Economic Policy Point of View, in: Journal of Business Research, 74. Jg., Heft 4, S. 763–786.

Piotroski, J. D. (2000): Value investing: the use of historical financial statement information to separate winners from losers, in: Journal of Accounting Research, Vol. 38 (Supplement), S. 1–41.

Porter, M. (2013): Wettbewerbsstrategie: Methoden zur Analyse von Branchen und Konkurrenten, 12. Aufl., Campus Verlag Frankfurt.

Prahalad, C. K./Hamel, G. (1990): The Core Competence of the Corporation, in: Harvard Business Review, Vol. 69, No. 3, S. 275–292.

Rampling, P. N. (2020): Corporate Resilience – A Literature Review, Download unter: https://www.researchgate.net/publication/339842929_Corporate_Resilience_-_A_Literature_Review (abgerufen am 16.12.2023).

Richter, P. C. (2019): Der Capability-Based View der Unternehmung, in: WiSt, Heft 1/2019, S. 42–45.

Risk Management Association e. V. (RMA) (Hrsg.): Managemententscheidungen unter Risiko, erarbeitet von Werner Gleißner, Ralf Kimpel, Matthias Kühne, Frank Lienhard, Anne–Gret Nickert und Cornelius Nickert, Erich Schmidt Verlag Berlin, 2019.

Röhe, A. (2022): Das resiliente Unternehmen – Die Krisen der Zukunft erfolgreich meistern, Springer Gabler Wiesbaden.

Rößle, F./Lesser, K. (2023): Die ESG-Performance des DAX-Index, in: Corporate Finance, Nr. 01-02/2023, S. 23–27.

Serafeim, G. (2022): Purpose and Profit: How Business Can Lift Up the World.

Schäffer, U. (2020): Levers of Organizational Resilience, in: Controlling & Management Review, 64. Jg., Heft 6–7/2020, S. 8–19.

Teece, D./Pisano, G./Shuen, A. (1997): Dynamic Capabilities and Strategic Management, in: Strategic Management Journal, Vol. 18, No. 7, S. 509–533.

Traut, J. (2023): What we know about the low-risk anomaly: a literature review, in: Financial Markets and Portfolio Management, Download unter: https://doi.org/10.1007/s11408-023-00427-0 (abgerufen am 16.12.2023).

Ulrich, P. (2011): Corporate Governance in mittelständischen Familienunternehmen. Theorien, Feldstudien, Umsetzung, Gabler Springer, Wiesbaden.

Velte, P./Weber, S. (2021): Sustainable corporate purpose and sustainable corporate governance: Integrative theoretical framework and reform recommendations, in: Zeitschrift für Umweltpolitik und Umweltrecht (ZfU), Heft 3/2021, S. 287–323.

Walkshäusl, Ch. (2013): The high returns to low volatility stocks are actually a premium on high quality firms, in: Review of Financial Economics, Vol. 22, No. 4, S. 180–186.

Walkshäusl, Ch. (2020): Piotroski's FSCORE: international evidence, in: Journal of Asset Management, Vol. 21, No. 2, S. 106–118.

Walkshäusl, Ch./Gleißner, W./Günther, Th. (2022): Finanzielle Nachhaltigkeit, ESG und Value Investing, in: Corporate Finance, Jg. 13., Heft 11–12, S. 324–330.

Weissman, A. (2023): Erfolgreich im Familienunternehmen – inkl. Arbeitshilfen online: Strategie und praktische Umsetzung in 10 Stufen, Haufe, Freiburg.

WeissmanGruppe (2023): Die DNA erfolgreicher Familienunternehmen, Download unter: https://pages.weissman.de/de/studie-die-dna-erfolgreicher-familienunternehmen (abgerufen am 16.12.2023).

Weissman, A./Barreuther, P. (2022): Familienunternehmen der Zukunft. Wie Sie Digitalisierung und Disruption positiv nutzen können, Haufe, Freiburg.

Weissman, A./Feige, J. (1997): Sinnergie: Wendezeit für das Management, Orell Füssli Verlag.

Weissman, A./Gidlewitz, H.-J./Gleißner, W. (2022): Krisen meistern – Chancen erkennen. Thesen zur Zukunft von Familienunternehmen, in: Die News (September 2022), S. 44–46.

Weissman, A./Gleißner, W. (2023): Orientierung in Zeiten der Unsicherheit: Was gibt uns Sicherheit?, 09.05.2023, Download unter: https://die-deutsche-wirtschaft.de/zeiten-der-unsicherheit/ (abgerufen am 16.12.2023).

Weissman, A./Gleißner, W. (2024): 10 Thesen für die Agenda 2030 (erscheint in Kürze).

Printed in the United States
by Baker & Taylor Publisher Services